CORONIS COLLEGII PNEUMATICI
quæ exhibet
Dissertationem Dæmonologicam, ubi quænam
DE
DÆMONIBUS
PLATONICIS, SIVE DIIS SO-
CRATICIS, ANTIQUITUS SENTENTIA
FUERIT, ET QUID DE ILLIS VERE SENTIEN-
DUM SIT, DISSERITUR

Annexa & exhibita

Secundante summi Jehovæ ter maxima Ἰουδαιμονία

&

Permittente venerando Philosophorum consessu in inclyta Universitate Rostochiensi

à

STEPHANO CLOTZ
Philosophiæ Magistro,

Respondente ad diem 2. Maij horâ locoq; solitis

Michaele Freyhub
Regiom-Borusso.

Ludovicus Vives in comment. super. August. l. 9. de Civ. Dei c. 11. l. 4.

In istis de Diis deq; Dæmonibus sententiis, mirum quam inter se discrepent homines ejusdem hæresis: Alia sentit Apuleius quam Plato, alia Plotinus quam Apuleius, diversa ab iis Porphyrius, nec cum Jamblicho aut quoquam alio in omnibus convenit Procso, nimirum dæmonibus ipsis pro natura sua varia illis & fallacia dictitantibus.

ROSTOCHI
Literis Joachimi Pedani, Acad. Typogr.
ANNO M. DC. XXIX.

In the interest of creating a more extensive selection of rare historical book reprints, we have chosen to reproduce this title even though it may possibly have occasional imperfections such as missing and blurred pages, missing text, poor pictures, markings, dark backgrounds and other reproduction issues beyond our control. Because this work is culturally important, we have made it available as a part of our commitment to protecting, preserving and promoting the world's literature. Thank you for your understanding.

VIRIS,
Præstantißimis ac Humanißimis

Dno: AMBROSIO Löbben/
Dno: ADRIANO Bartzen/
Dno: FRIDERICO Mildhandt/
Dno: HENRICO Freyhuben/
Dno: GEORGIO Bremern/
Dno: MICHAELI Kochen/
Dno: GREGORIO Lencken/

Civibus, apud Regiomontanos in Bo-
russiâ, primariis, consanguineis meis ac affini-
bus dilectißimis,

Exercitium hocce Academicum in mei meorumq́;
studiorum commendationem

D. D. D.

Michael Freyhub,
S. S. Theol. Stud.

Literatissimo,
DN. RESPONDENTI:

Mirum! Quam prisco Platonis tempore proles,
    Olim Socraticos Deos,
Nec Dîs nec similes homini: medias sed utrisq;
    Miro dogmate finxerit;
Corporis indutos miserando carcere, venis,
    Nervis, sanguine, viscere;
Queis nec cura Deûm vigilantia sensa negarit,
    Nec visus sua lumina;
(Sed tamen ut nostris non objiciatur ocellis
    Corpus quale δαίμων;)
Provida queis dederit rationis munera plastes,
    Cautæ mentis acumina;
Supplicia ut referant miserantis vota Jehovæ,
    Et fletus lacrymantium;
Æthereus parens quæ mittit ab æthere, poscant;
    Et reddant Charitum bona;
Custodes hominis qui sint, animæq; ministri
    Omni tempore vitæ;
Post vitamq; choris superûm coelestibus addant,
    Quidq; actum siet, inquiant;
Quiq; secururos docti portendere casus
    Instigent Pythias loqui;
Fatidicosq; hominum Bacchantûm sæpe furores
    Et præsagia dulcia;
Unde Sibylla suo celebretur carmine vates
    Et dicat nova monstra;
Quiq; Deos faciant nivea suppliciter arâ
    Multo thure placari;

Quicq́ Aegea suis edocti carmina verbis
    Orco convocitent Deos;
Ore tonentq́ Deos, tercentum, Erebvmq́, Chaosq́,
    Tercentumq́ Dianas;
Illaq́ perficiant, hominum quæ ferre labores
    Non possunt sibi redditi;
Mirum! Quod prisco Platonia tempore Proles
    Hos finxit κακοδαίμονας;
Nil nisi præstigias infandi Dæmonis esse
    Dico Socraticos Deos;
Hosce Deos non esse Deos ait orbis & orcus;
    Monstrum est Socraticus Deus;
Quem nec terra suo, gremio nec suscipit æther,
    Nec vastus fovet aer;
Nec tenet immensi, quæ condita machina mundi est,
    Nilq́ est, δαίμονα quod sciat;
Hoc monstras; Nitidum quis non Heliconis alumnum
    FREYHUB te celebraverit?
Atq́ coruscanti vigilantia tempora serto
    Nunc quis non redimiverit?

Cursim
sed
L. M. Q.

M. Stephanus Clotz.

Σὺν Θεῷ.

Dissertatio Dæmonologica
DE
DÆMONIBUS PLATONICIS.
Thesis I.

IN præsenti tractatione me duobus absolvam I. Platonicam de hisce Dæmonibus sententiam explicabo & confirmabo: II. Decisione eandem refutato.

SENTENTIA PLATONICORUM.

2. Circa prius procedam ordine præpostero: I. videbo *Essentiam* sive definitionem, II. *Affectiones*, III. *Divisionem*: Et demum IV. *Existentiam* An sint. Neque enim commodè probaveris Dæmonas existere, nisi prius (confuse saltem) quænam eorundem essentia & natura sit, expresseris.

3. I. *Definitionem* in limine colloco, ut videas, quos qualesve Dæmonas suos existimaverint Platonici, eamque invenio talem: *Dæmones (Platonici) sunt genere animalia, ingenio rationabilia, animo passiva, corpore aëria, tempore æterna*, apud Apuleium in libr. de Deo Socrat. pag. 88. & Augustin. (qui refert ex eo) l. 8. de Civit. Dei cap. 16. & lib. 9. c. 8.

4. Explico in hac definitione I. *Notationem nominis*, II. *Æquivocationem*, III. *Synonimiam*, IV. *Naturam* genericam, V. *Differentiam* specificam.

5. I. *Notatio* sive ἐτυμολογία nominis sumptus est 1. ab

antiquo verbo Græco δαίμω, quod idem fuit quod ἐπίσταμαι καὶ γινώσκω, inde δαίμων quasi πάντα ἐπιστάμενος καὶ γινώσκων. Ita Ludovic. vives *in comment. super August. l 9 de Civit. Dei cap. 20 lit. a.* 2. Huic congrua est significatio quam habet Plato *in Cratylo*, ubi δαίμονες vult dici quasi δαήμονες h. e. intelligentes à verbo δαείω vel δαίω disco doceor, &c. Eo quod Dæmonum magna peritia & sapientia est. Hinc δαιμόνιος dicitur qui sciens est & peritus; Quod *Aristoteli* adhæsit epitheton, quia rerum naturalium scientiam, quorum ratio imprimis sublunari mundi parte, quâ Dæmonibus loca descripta putaverant antiqui, continetur, complexus est, uti innuit Ludovic. Cœlius Rhodigin. *lib. 2 lection. antiq. cap. 2.* Specialiter tamen Plato *in sympos. fol. 175.* eos qui scientiæ dæmoniæ periti sunt, δαιμονίους h. e. felices & sapientes appellari censet. 3. Alij δαίμονες dici volunt ἀπὸ τοῦ δαίεσθαι, quod sint διαιτηταὶ καὶ διοικηταὶ τῶν ἀνθρώπων, arbitri & administratores hominum, cuilibet assignantes suam in omni re portionem &c.

6. II. Vox Dæmonis *æquivoca* est: *Sumitur enim vel in bonam vel in malam partem:* Si in bonam partem, significat 1. *animam rationalem* corpori adhuc conjunctam, quæ similitudine quadam ad genus dæmonicum, mirabiliores quam secundum hominem actiones edit, totamq; vitam suam suspendit ex Dæmone, uti ex Proclo loquitur Cœl. Rhodigin. *lib. 2. lect. antiq. c. 9.* Unde nonnulli arbitrantur εὐδαίμονες dici, qui bonum habent Dæmonem, h. e. animum virtute perfectum, apud Apuleium. *l. de Deo Socrat. pag. 90.* Hæc tamen acceptio displicet *Proclo*, uti ex illo notat Ludov. Vives *super August. l. 9. de civit. Dei cap. 11. lit. a. 11. Animam separatam*, quæ emerita stipendiis vitæ corpore suo abjurat, Apul. *de Deo Socr. cit. l.* ita tamen ut posterorum suorum curam non abjiciat: In quam sententiam Plutarch. *in l. περὶ τοῦ Σωκράτους δαιμονίου p.* 1053. αἱ δὲ (inquit) ἀπηλλαγμέναι γενέσεως ψυχαὶ καὶ σχολάζουσαι τὸ λοιπὸν ἀπὸ σώματος, οἱ ἐλεύθεραι πάμπαν ἀφιέμεναι, δαίμονές εἰσιν ἀνθρώπων ἐπιμελεῖς, καθ᾽ Ἡσίοδον. ὡς γὰρ ἀθλητὰς καταλύσαντας ἄσκησιν ὑπὸ γήρως, οὐ πλέως ἀπολείπει

τὸ φιλότιμον καὶ φιλοσώμαιον, ἀλλ' ἑτέρους ἀσκοῦντας ὁρῶντες ἥδονται, καὶ παρακαλοῦσι, καὶ συμπαραθέουσιν· οὕτως οἱ πεπαυμένοι τῶν περὶ τὸν βίον ἀγώνων, δι' ἀρετὴν ψυχῆς γινόμενοι δαίμονες, οὐ παντάπασιν ἀτιμάζουσι, τὰ ἐν ταῦθα, καὶ λόγους καὶ σπουδάς, ἀλλὰ τοῖς ἐπὶ ταὐτὸ γυμναζομένοις τέλος εὐμενεῖς ὄντες, καὶ συμφιλοτιμούμενοι πρὸς τὴν ἀρετὴν, ἐγκελεύονται καὶ συνεξορμῶσιν ὅταν ἐγγὺς ἤδη τῆς ἐλπίδος ἁμιλλωμένους καὶ ψαύοντας ὁρῶσιν. Quæ verba integrè transcribo, quia puto ea facere ad declarationem hujus significationis. III. Animæ facultatem, quatenus illa à corpore separata (ex sententia Platonis) alteri corpori *jungitur* & assistit, ita ut per illud ex defectu organi operationes exerere nequeat, ita enim Plotin. *Ennead. 3. lib 4 cap 3. Si*, inquit, *tanquam sensuales agimus & vivimus, ipsa ratio nostra est Dæmon; sin autem ratione vivamus, dæmon est, quod est rationæ superius, dæmon inquam præsidens, negotiosum alteri concedens officium, &c.* Quam Plotini mentem uberius explanat Marsil. Ficin. *in argument. super hunc libr. Anima,* inquit, *cum sit omnia, motumq; habeat naturaliter liberum, nimirum potest & intra se in proprias omniū similitudines formare seipsam, atq; subinde sibi talia animalium & plantarum corpora conformare: Si igitur more plantæ vixerit format post hanc vitam plantæ corpus, in quo vegetalis potentia tantum agit: Sensui autem ejusmodi vitæ præsidet tanquam Dæmon non ut agens sed ut assidens speculator: Similiter si anima vivens ut bestia fiat deniq; bestia, sensum cum vegetali duntaxat exercens, rationalis huic potestas imminet otiosa & tanquam Dæmon aliquis observator: Qui vero ratione unà cum sensu vivit, mentem habet more Dæmonis assistentem, qui deniq; vivit mente, Deum pro Dæmone videtur habere præfectum.* Ex quibus verbis patet, Plotini sententiam esse, quod Anima hominis separata à corpore denuo sibi vel corpus fingat, vel in aliud corpus transeat, prout sc. mores ante viventis poposcerint, ita tamen ut illa facultas animæ, quæ in corpore recens assumpto est ἀνενέργητος dicatur Dæmon. Hanc tamen sententiam ut absurdam in πνευματολογία rejeci. III. *Homines aureos* sive Saturnios in aureo seculo viventes juxta figmenta Poetarum, Confer Natal. Comit.

l. 1. Mytholog. c. 2. Hos enim Dæmones vocat Hesiod. in lib. περὶ ἔργ. καὶ ἡμερ.

Τοὶ μὲν δαίμονές εἰσι Διὸς μεγάλου διὰ βουλὰς
ἐσθλοὶ, ἐπιχθόνιοι, φύλακες θνητῶν ἀνθρώπων,
οἵ ῥα φυλάσσουσίν τε δίκας καὶ σχέτλια ἔργα
ἠέρα ἑσσάμενοι πάντῃ φοιτῶντες ἐπ' αἶαν.
πλουτοδόται καὶ τοῦτο γέρας βασιλήϊον ἔχον.

IV. *Deos gentiles*, (à quibus tamen alias Dæmones distingui solent) Quos Homerus, qui teste Plutarcho *in l. Quod cessarint oracula*, inter Deos & Dæmones parum observavit discriminis, dæmones vocat *l. 1. Iliad.* quando ita ait :

Δώματ' ἐν Αἰγιόχοιο Διὸς μετὰ δαίμονας ἄλλους.

Ad quem versum vulgatus interpres ex editione *Jacob. Mycill.* & *Joachimi Camer.* ita scribit: οὕτως δὲ δαίμονας καλεῖ τοὺς θεοὺς ἤτοι δαήμονας· ἔμπειροι γὰρ καὶ ἴδριες πάντων αὐτοί εἰσιν ἢ ὅτι διαιτηταί εἰσι καὶ διοικηταὶ τῶν ἀνθρώπων. Sic etiam Plato *in l. de Republ.* meminit alicujus maximi Dæmonis quod de maximo Deorum plerique intelligunt, satius tamen de principe Dæmonum quam de Deo universorum intelligi debere existimat Proclus *in libr. de an. & Dæm.* V. *Dæmones Platonicos*, qui quid sint apertius constabit ex dicendis : Eos enim præcipuè hoc loco intendo. Porro : *Si in malam partem vox Dæmonis accipiatur*, denotat spiritus illos malignos, quos ab ejectione sive lapsu διαβόλους vocat Ecclesia. Unde etiam hoc tempore in Christiana religione Dæmonis nomen odiosum est & infestum : *Nam*, inquit August. *lib. 8. de Civit. Dei c. 14. omnes vel pene omnes per sanam doctrinam quæ humanis rebus illuxit, Dæmonum nomen abhorrent.* Et lib. 9. de Civit. Dei c. 19. *Ubicunq; (*inquit) *in sacra scriptura hoc nomen positum reperitur non nisi maligni significantur spiritus. Et hanc loquendi consuetudinem in tantum populi usquequaq; secuti sint, ut eorum & qui pagani appellantur, & Deos multos ac dæmones colendos esse contendunt, nullus fere sit, tam literatus vel doctus, qui audeat in laude vel servo suo dicere, dæmonem habes, sed quilibet hoc dicere voluerit non se aliter ac-*
cipi,

cipi, quam maledicere voluisse dubitare non possit. Et in hoc sensu apud Plutarch. *in Pericl.* οἱ τὰ θεῖα δαιμονῶσι, qui in rebus divinis furore corripiuntur.

7. III. *Synonimia* Varia est: Nam Dæmones vocantur κ. *Dij:* Est equidem discrimen inter Deos & Dæmonas, quos non solum locorum intercapedine sed etiam naturæ dignitate interpunctos sejunctosque esse volunt, quæ verba sunt Apulei *l. de Deo socrat. pag. 75.* hos tamen nonnunquam appellant Deos, juxta Marsil. Ficin. *in Plotin. Ennead. 2. lib. 1. cap. 6.* præsertim præstantissimi quique Dæmones Deorum nomine nuncupari solent, uti & infimi Dij appellatione Dæmonum quandoque designari. Sic etiam Plotin *Ennead. 3. lib. 5. c. 6. Consideremus* inquit, *quomodo Deos à Dæmonibus distinguamus, Quamvis enim dæmones sæpe etiam Deos esse dicamus in præsentia tamen sic accipiamus &c.* Hinc *Apuleius* librum qui est de Dæmone socratis, inscripsit de *Deo* socratis (conf. Augustin. *lib. 8. de Civit. Dei cap. 14.*) Hinc *triplex ille Deorum ordo*, quem passim apud Platonis sectatores reperies, natus est: de quo vide Platon. *l. 4. de leg. & in Epin* Apulei. *de Deo socrat. in init.* Cœl. Rhodigin. *lect. Antiq. l. 2. cap. 3.* Augustin. *lib. 9. de Civit. Dei c. 14. & Ludov. viv. in comm. ad h. l. & lib. 10. c. 1. l. 2.* Summus scilicet, Medius & Infimus: Ubi in Medio collocantur Dæmones.

8. II. *Angeli:* Ita enim Dæmones nuncupari posse putat Marsil. Ficin. *in comment. super Conviv: Platon. c. 3. &* quidem præcipuè eos qui boni sunt mundi gubernatores. Quod equidem (in illorum sententia) fieri potest si nomen Angeli generatim accipias, Angelus enim nuncius est. Quo sensu Xen. *Pæd. 2.* ait: τοὺς μὲν δὲ ἀγγέλων θησαλίας ταῦτα ἐπεμψε vide *disp. præc. pneum.* &c. Imo speciali ratione Dæmones hi erunt Angeli quia *nuncij* atque interpretes *Deorum* esse perhibentur, sicuti ab eodem munere Mercurius Angelus est, Confer Ludov. viv. *super August. l. 9. de Civit. Dei cap. 19.* Proprie tamen nomen Angeli, spiritibus creatis completis (quales, Dæmones non sunt) competere supra visum.

9. III *Lares* dicuntur apud Cœl. Rhodigin. *l. 2. lect. antiq. cap. 3. p. 37.* Quid Lares fuerint non æquè constat apud omnes: 1. Apuleius *lib. de Deo socrat. p. 91.* Lares vult dici animos separatos,

qui

qui posterorum suorum curam sortiti pacato numine domum possideant, speciali nomine *Lares familiares* dictos; sicut contra *Larvas* dici putat qui ob adversa vitæ merita nullis bonis sedibus incerta vagatione seu quodam exilio puniuntur, & inane terriculamentum bonis sunt, noxium vero malis hominibus Confer Ludov. viv. *super August. l. 9 de Civit. Dei cap.* 11. *lit. b.* 2. Aliter Lares sunt Dæmones (è furtivo Mercurij Laræque Almonis filiæ concubitu geniti apud Ovid. *l.* 2. *Fastor.*) qui credebantur ab antiquis curam habere compitorum & civitatum, Ideoque etiam iis canes, non aliter ac Dianæ, erant dicati, quia communes familiarum custodes putabantur, Conf. Natal. Comit. *Mythol. l. 4. c. 4. pag. 298.* Taubmann. *in Bacchid. Plaut. act. 2. scen.* 1. imo lares non solum urbium sed & aliarum rerum curam gerere videbantur: Hinc enim tot Larium genera: Erant enim 1. *Lares familiares*, quibus cura erat foci & familiæ : Taubmann. *cit. loc.* 2. lares publici qui urbi præerant, ideoque colebantur ab illa, apud Hadrian. Turneb. *lib.* 28. *adversar. cap.* 47. *p.* 1097. 3. *Lares Hostilij* qui Romæ colebantur, quod ab iis hostes arceri crederentur, apud Fest. *l. 8.* & Hadrian. Turneb. *l.* 7. *c.* 15. Taubm. *in Plaut. Baccb. act. 2. scen.* 1. Hinc Plaut. *in Mercat. act. 5. scen. 2.* Invoco

vos Lares viales ut me bene tutetis.

5. *Lares Marini*, qui & Dij marini de quibus apud Livium *lib.* 40. 6. *Lares querquetulani* apud Adrian. Turneb. *lib.* 20. *adversar. cap.* 35. *&c.*

10. IV. *Penates* dicuntur Dæmones, qui regionum administrationi præsidere censebantur apud Wier. *l. 1. de præstig. Dæmon. c.* 20. Aliter tamen Penates dicuntur ij proprie Dij per quos nati esse, vivere & spirare homines putabantur, Confer Natal. Comit. *Mythol. l. 4. cap.* 2. Sic etiam Penates dicuntur esse Dij patrij, à patribus nobis relicti, qui præsunt pietati liberorum erga parentes & charitati patrum erga liberos, apud Hadrian. Turneb. *lib.* 25. *adversar. cap.* 5.

11. V. *Genij* dicuntur ab *Apuleio* teste Cæl. Rhodigin. *lib.* 2. *lect. antiq. c.* 3. ideo præsertim quod dæmonibus cura à generatione commissa sit: Hinc enim antiqui crediderunt singulos homines statim atque nati fuissent, dæmones duos habere, alterum bonum

bonum, alterum malum, quorum sub tutela essent, eosque dixere Genios, & putarunt esse nobiscum natos, clam nunc suadentes nunc dissuadentes, & universam vitam nostram gubernantes, uti refert Natal. Com. *l. 4 Mythol. c. 3.* Hinc alio nomine *Dij natales* dicti sunt, qua natali die eorum solemnia celebrabantur, (à viris, Nam viri genium habere censebantur, non fœminæ, sicut contra mulieres venerabantur Junonem, non viri) apud Hadrian. Turneb. *lib. 16. adversar. c. 17.* Alij tamen Genios non solum hominum, sed & urbium locorum & coloniarum fuisse memorant, uti monstrat Hadr. Turneb. *l. 13. adversf. c. 12.* Imo & plantarum & ædificiorum, ut innuit virgil. *l. 7. Æneid.*

  Sic deinde effatus frondenti tempora ramo
  Implicat, & *geniumq,* loci, primamque Deorum,
  Tellurem, Nymphasque & adhuc ignota precatur
  Flumina.

Apuleius *libr. de Deo socrat. pag. 90.* aliter usurpat genium: *Animum nostrum,* ait ille *virtute perfectum nostra lingua ut ego interpreter, haud sciam an bono certe quidem meo periculo poteris genium vocare, quod is Deus, qui est animus cuiq, quanquam sit immortalis, tamen quodammodo cum homine gignitur &c.* Ideoque hoc sensu animus noster genius dicitur.

12. *IV. Medioxumi* sunt dicti dæmones à Romanis veteribus, quod intersiti, ex sui ratione, & loco Diis summis sint minores, hominum naturà, velut complacitum antiquis est, utiq; majores, uti inquit Ludov. Cœl. Rhodigin. *lib. 2. lect. antiq. cap. 3.* Hinc Plaut. in Cistellar. *act. 2. scen. 1.*

  At ita me di, deæq; superi atq; inferi, & medioxumi, &c.

13. *VII. Semones* credebantur esse Dæmones illi, qui ab aeris meditullio quicquid interpatet ad terram usque habere credebantur: *Fulgent.* tamen Deos esse opinatur qui cœlo digni non censerentur, ob meriti paupertatem, nec tamen Deos putarent ob gratiæ venerationem, ut sunt *Priapus, Hippo, vertumus* &c. vide Cœl. Rhodigin. *l. 2. lect. Antiq. cap. 3.*

14. *VIII. Heroes* dicuntur Dæmones venerei apud Marsil. Ficin. *in Platon. Sympos. c. 5. fol. 160.* quia amorem conciliant, Inde enim Heroës dicti sunt quasi ἐρῶντες amantes & amorem conci-

viantes &c. Aliter tamen Heroes dicti sunt apud veteres ij qui ex utroque mortali parente sati, meritis feliciorem quandam nacti sunt sortem quam vulgus generis humani, juxta Ludov. viv. in comment. *super August. l. 2. de Civit. Dei cap. 14.* 3. Heroes illos alij vocant qui altero parente Deo, altero mortali sati, neque homines sunt, neque dæmones, sed plus quam homines & minus quam dæmones, cujus sententiæ est Jamblychus Pytagoricus: Ludov. viv. *super August. l. 10. de civ. Dei c. 21.* 4. Hesiod. in ἔργοις quartum genus hominum pejus quidem illo aureo, sed tertio tamen præstantius Heroas nominavit, & cum addito ἡμιθέους:

Ἀνδρῶν ἡρώων θεῖον γένος, οἳ καλέονται
ἡμίθεοι &c.

15. IX. Cum addito à recentioribus dicuntur *Dæmones Platonici* à Platone qui (non quidem inventor & autor primus, sed) figmenti hujus acerrimus extitit defensor: Alias enim longe etiam ante tempora Platonis Dæmones istos creditos fuisse conjectura est: Unde etiam incertum, quis primò omnium Dæmones esse putaverit: Plutarch. equidem *in libr. Quod oracula defecerunt*, Hesiodum putat primò naturæ rationalis quatuor ordines distinxisse, 1. Deos, 2. Dæmones, 3. Heroas & 4. Homines, Mox tamen Dæmonum inventionem tribuit Orpheo cuidam, aut Phrygi, aut Ægyptio: Sed illa scrupulosè non inquiro. Hactenus de Definito.

16. In definitione porro IV. exprimitur *Natura generica* Dæmonum, in quâ cum aliis rebus essentialem dicunt convenientiam, cum dicitur quod genere sint *Animalia*: Sunt igitur Dæmones illi, *I. non spiritus sed corpora*: Cui enim competit genus illi etiam competit genus generis: Et quicquid tribuitur generi illud etiam competit speciei Porphyr. *Isag. c. 7.* Arist. *lib. Categor. cap. 3.* Atqui animali competit esse corpus: Ergo etiam animalis speciei nempe Dæmoni: Estque hæc res satis in confesso apud curatores Dæmonicos, ut dubitatione nos egeat. Unde patet: Dæmones hic neutiquam intelligi eos quos nos Dæmones sive malos Angelos vocamus: Illi enim spiritus sunt, non vero corpora, ideoque ab his maximè distincti.

17. Sunt *II. Corpora* (non simplicia sed *è quatuor elementis composita* sive mixta: uti statuit Marsil. Ficin. *super Plotin. Ennead. 3. lib.*

3. *lib. 5. cap. 5. Possumus*, inquit, *ratione forsan magis physica dicere corpora Dæmonum sublunarium plurimum esse composita: Nam & elementa in globum unum undiq; commiscentur, erit igitur necessario ignis in eis, per hunc enim vita motusq; viget; Erit & aer ignis pabulum, nec solus cum solo, ne subito dissolvantur: Esto insuper aqua tenuis, nec sine terrâ subtili alioqui minimam habebit sub igne stabilitatem: Oportet sane spiritalia dæmonum corpora, sicut & spiritus nostri, admodum esse temperata, ut sint illius vita nobilis susceptacula: Oportet igitur in eis tyrannicam ignis voracitatem ita domari ut & trium numero & horum quidem quantitate majore unius tyranni rapacitas refrenetur: Non potest autem terra illic esse multa, nec etiam aqua plurima, sit ergo quam plurimus aer: secundo loco humor aqueus tenuissimus: Tertio ignis, sed admodum rarus ne forte sit edax: Quartum teneat subtilissima terra locum: Et quamvis dæmones omnes sint propemodum temperati, aliqui tamen temperatissimi sunt: In cæteris autem elementum hoc aut illud paulo magis excellit. Erunt igitur complexiones eorum quinq; ferme sicut & nostra, temperata videlicet, & quatuor non adeo temperata, stellis quidem subdita consimilibus, & præsidentes instinctu quopiam naturali hominibus complexionis ejusdem.* Hucusq; verba *Marsil.* Unde quomodo Dæmones mixti & temperati sint cognosces. Et hinc pro diversa in corporibus illis elementorum mixturâ diversi quoque putantur esse Dæmones: Nam 1. alij sunt *ignei, ætherei, & cœlestes*, qui ex purisimâ sive cœli sive ignis materia sunt conflati. Illosque alij collocant supra Lunam, & unicuique orbium cœlestium suos sibi agnatos adscribunt, Saturno Saturnios, Jovi Jovios, Marti Martiales, cæterisque suos similiter, uti facit Marsil. Ficin. *in Plotin. Ennead. 3. l. 4. in sum. libr. fol.* 159. Psellus tamen *in libr. de Dæmon.* Omne dæmonium ex Lunaribus regionibus velut ex templo prophanum aliquid exterminari vult, Indeque *Igneos* ille vocat Dæmones, qui circa sublimiorem aera (forte in vulgo hactenus approbata sphera ignis) collocantur sive pervagantur: Quod etiam alibi (sibi sic contradicens) ipse Marsil. Ficin. *in Plotin. Ennead. 5. lib. 5. pag.* 168. non diffitetur, quando Dæmonis appellationem ad eos proprie transferri vult, qui sunt sub luna. Scilicet in re dubiâ semper fluctuat animus! II. Alij sunt *aerei* qui ex ignis aerisque nexu temperati sunt, definiente sic Ludov. Cœl. Rhodi.

Rhodigin. *l. 1. lect. antiquar. cap. 5.* sive, qui, ut *Psell.* definit, in aere nobis propinquo obversantur. III. Alij sunt *aquei* quibus aqueum quiddam velut tenuius ferrumen ad ignis aerisque temperaturam accedit, Quo referri putat Poëtarum *Najades, Nereides, Dryades,* Cœl. Rhodigin. *cit. l. cap. 5. & 6.* Et hinc libenter hoc dæmonum genus circa lacus & fluvios habitare, multosque aquis perimere tempestates excitare, navigia viris onusta submergere, multaque alia in aquis incommoda gignere creditur. IV. Alij sunt *terreni* quibus terrei aliquid sed non adeo crassum spissumque superadditur, Et hinc virunculi illi, nani, itemque Dæmones subterranei, qui in metallicis fodinis terræque hiatibus versari dicuntur, de quibus infra, Confer Marsil. Ficin. *In Plotin. Ennead. 1. l. 5. cap. 6.* Ludov. viv. *comm. super August. lib. 10. de Civitat. Dei cap. 9.*

18. Sunt III. *Corpora animata sive viventia:* Quod patet non solum ex officio & munere quod iis attribuitur, sed etiam accidentibus, *potentia sc. generandi, nutriendi* &c. quæ his Dæmonibus inesse creduntur, ideoque in iis vitam *vegetativam* arguunt, de quibus infra.

19. Sunt IV. *Corpora sentientia:* Indicat illud sufficienter assertio Platonicorum, quæ iis sensitivos actus itemque motus & affectus assignat, qui sine *sensitiva vita* esse nequeunt, uti itidem mox videbo.

20. Sunt V. *Corpora rationalia,* sive ut *Apuleius* loquitur in supra data definitione, *ingenio rationabilia:* Putantur enim esse Dæmones *homine superiores,* Diis inferiores: At illud non esset si ratione destituti essent: Et insuper officiorum tot munera ab illis administrari non possent, si ultra bestiarum consortium non essent sublimati, *An vero Esse illud rationale Dæmonum essentialiter sive specificè ab esse rationali hominum sit diversum an vero solum accidentaliter,* non video speciatim apud Platonicos disquiri, Inde tamen colligitur, quia *diversam* omnino essentiam habere creditur. Et hæc sunt, quæ naturam genericam sive convenientiam essentialem Dæmonum cum aliis rebus exprimere videantur.

21. Porro V. In definitione *Differentiam specificam* exprimit Apuleius quando eos dicit *Tempore æternos sive immortales:* Non equidem

equidem video, quomodo hæc differentia legitima esse possit. Est enim illius officium rem non solum in esse constituere, sed etiam ab omnibus aliis dispescere: Dicit enim differentia principium non conveniendi sed differendi: Atqui *per immortale esse* Dæmones non distinguuntur à superis, uti etiam fatetur ipse Apuleius *l. de Deo socrat pag. 38. Sunt enim,* inquit, *inter homines & Deos ut loco regionis ita & ingenio mentis intersiti, habentes communem cum* superis immortalitatem, *cum inferis passionem &c.* Ergo etiam *ò* Immortale esse non potest esse Dæmonum differentia.

22. *Quæ igitur erit,* inquis *Dæmonem constituens differentia, eumq; ab omni re alia dispescens? Neq; enim superest in definitione posita Apulei quod differentia loco esse possit:* Resp. Differentiam difficulter asignant Platonici eo quod in re tam dubia & falsa nihil illis certo constiterit: Quantum tamen conjicio *ab accidentibus* illam desumunt, soli Dæmoni propriis, & ab officiis ejus, quod v. g. sit *interpres Deorum & hominum, medius inter illos, providens immediatè hominibus &c.* Nec mirum! Quia si quæ tales naturæ essent, illa tamen à priori incognitæ & occultæ, à posteriori solum, & ab accidentibus aut effectibus eorum cognosci possent: Unde *Differentia essentialis* neutiquam asignari potest, sed solum si quæ est *Accidentalis*: Quam ex dicendis uberius cognosces. Ideoque.

23. II. *Affectiones & proprietates Dæmonum sunt quæ essentiam illorum consequi putantur.* Et sunt *triplices:* vel enim sunt ex communi ratione *corporis,* ortæ, vel ex ratione *viventis,* vel ex ratione specifica *Dæmonis.*

24. I. *Affectiones ex communi ratione corporis ortæ sunt:* 1. *Quantitas:* Quia enim corpora sunt utique materiæ perpetuum comitem (imo materiam ipsam) quantitatem scilicet, secum habebunt. Et hinc etiam est, quod Dæmones alij sint *Majores* alij *Minores,* qui *virunculi, nani, Deunculi* dicuntur, De quibus in seqq. me videbo.

25. II. *Tempus:* sive duratio: Ubi video, Dæmonibus non asignari tempus proprie dictum, quod *sua naturâ* petit incipere & aliquando desinere, Et proprie est rerum corruptibilium: Sed improprie sumtum, quod in genere durationem significat, (sive

defectibilis illa sit sive non sit?) Cum addito tamen illis vendicatur ab *Apuleio tempus æternum, sive ut alij dicunt, ævum*, quia putantur esse corpora incorruptibilia, quæ licet cæperunt aliquando, non tamen desitura sint.

28. III. *Locus*: Ubi non intelligo locum *generalius acceptum* pro πȣ̃ sive Ubi rei creatæ, qua laxâ dicendi παῤῥησία etiam Angelos in loco esse parum cautè quidam asserunt, sed *specialiter*, pro affectione corporis naturalis corruptibilis, sensibilis mobilis, ex Aristot. *l. 8. φ. c. 1. & c. 5. l. 2. de Cælo cap. 4. & l. 1. Metaph. cap. 4.* quæ est superficies corporis continentis locatum *lib. 4. φ. t. 39.* Et hoc modo Dæmones in loco esse adseret Platonicus qui ait eos *corpora* esse, Quia inseparabile corporis naturalis accidens locus esse dicitur *l. 4. φ. t. 1. Quis* & ubi autem *in particulari Dæmonum locus sit*, diversimode sententia est: Nam 1. Alij illis solum aera tribuunt, indeque aereos sine discrimine dæmones omnes nuncupant, ut Apulei. *lib. cit. p. 83. 84.* 2. Alij præter aera eos quoq; supra Lunam intra orbes cœlestes collocant, ut Marsil. Ficin. in *Plotin. Ennead 3. l. 4. p. 159.* 3. Alij alios etiam ad terræ pavimentum deprimunt, imò & sub terrâ in cavernis & hiatibus latitare volunt, ut *Porphyr.* citante Ludov. vive *super l. 10. August. de Civit. Dei cap. 9.* Alij aquæ insuper immergunt alios, ut Psellus in *libr. de Dæmonib.*

27. IV. *Numerus*: Quem certum hactenus non determinarunt: Neque id facile poterunt Platonici: Quia Dæmones unâ acie coacervatos non sunt intuiti: Et alias individua (generabilia) infinita sunt saltem potentiâ ut illorum certus numerus non possit exhiberi: Omnium tamen illorum Dæmonum qui à terrâ & ab aquâ omnem regionem usq; ad locum stellarum supremum gubernant, 30000, numerat Heriodus *l. περὶ ἔργ.*

τρὶς γὰρ μύριοί εἰσιν ἐπὶ χθονὶ πουλυβοτείρῃ
ἀθάνατοι Ζηνὸς, φύλακες θνητῶν ἀνθρώπων,
οἳ ῥα φυλάσσουσίν τε δίκας καὶ σχέτλια ἔργα,
ἠέρα ἑσσάμενοι, πάντῃ φοιτῶντες ἐπ' αἶαν.

Alij tamen numerum certum non definire audent: Unde συνεκδοχικῶς

χικῶς etiam ab Hesiodo numerum certum pro incerto eoq; magno indicando positum esse forte dici poterit.

28. V. *Qualitates*, eæque 1. *Prima*: Quia enim Dæmonibus assignatur corpus è quatuor elementorum mistura conflatum, hinc etiam istis elementorum Qualitates *calorem frigus, humorem siccitatem* assignari necesse est: Idque pro varietate mixtionis diversimodè: si enim in quibus ignea vis prædominatur erunt magis calidi, & sicci, remissius humidi, remissè frigidi: *Porro*: Ii In quibus aeris elementum præponderat, erunt æquabiliter calidi & humidi, remissius sicci & frigidi: *Item*: In quibus aquæ natura dominatur, erit æquabilis proportio humoris & frigoris, eaque prædominans, minor vero caloris & siccitatis: *Denig;* Quibus terra præsidet, erunt magis frigidi, & sicci, remissè vero calidi & humidi. *Secunda*: hæ enim ex primis immediatè oriuntur: Et sic illis competit: 1. *Levitas*, orta à calore, iis præcipue qui ad ignis & aeris naturam maxime accedunt: 2. *Gravitas* orta à frigore, iis maximè, qui ad aquæ terræque indolem appropinquant. Ubi tamen Apuleius *l. de Deo Socrat. p. 85.* Dæmonum corporibus (generatim) & modicum ponderis ne ad superna accedant, & quid levitatis ne ad inferna præcipitentur adsignari cupit. 3. *Tenuitas & diaphaneitas*, quæ propria est in aereis, participant enim illam ab aeris natura. Et hanc etiam rationem assignant authores Dæmonum, si quæras, *Cur si sint Dæmones, videri tamen non possint*, nisi peculiaris hic accedat dispensatio: *Non enim* inquit Apuleius *loco cit. pag. 86. sunt ex hac faeculentâ nubeculâ, tumidâ caligine conglobata, sicuti nubium genus est, sed ex illo purissimo aeris liquido & sereno elemento coalita, eoq; nulli hominum temerè visibilia, nisi divinitus speciem sui offerant, quod nulla in iis terrena soliditas locum occuparit, qua nostris oculis possit obsistere, quâ soliditate necessariò offensa acies immoraretur sed fila corporum possident rara & splendida & tenuia, usq; adeo ut radios omnes nostri tuorum & raritate transmittant, & splendore reverberent, & subtilitate frustrentur.* Hæc autem Apulei verba quia de Dæmonibus aereis præcipue intelligi possunt, sine discrimine omnibus non applicantur: Ex discrimine enim corporum Dæmonicorum est, ut alia præ aliis videri possint: Aquea namque & terrea quia densius paulò subactum corpus habent, visu quandoque percipi possunt,

possunt, ait Cœl. Rhodigin. *lib. 2. lect. antiq. c. 5.* Ludov. vives *comm. super August. l. 10. de Civit. Dei cap. 9. lit. g.* Quomodo autem & aerei Dæmones visibiles fieri possint innuit Marsil. Ficin. *in Plotin. Enuead. 3. l. 4. in argum.* 159. *Agunt,* inquit, *in nos Dæmones radiis suis, quamvis occultis, tamen admodum efficacibus; Quos quidem Magus qui congregare sciverit, poterit & videre cæteris, monstrare, sicut & solis radij è vestigio post ruboris vel palloris forma videntur: Et flamma nonnunquam in meridie accensa procul in ligno non cernitur adhibitis vero lignis apparet; videtur itaq; sacerdos Ægyptius dæmonis Plotinici radios congregasse, atq; (ut Porphyrius testis est) præsentium oculis ostendisse, sive colens Dæmones hoc eorum munere tunc impetraverit, sive vaporem certum Dæmonibus, cognatum infuderit aeri, quo certo modo radij dæmonis congregati paruerint.* Scilicet satis maturè indicat Marsil. à quo dæmone hic dæmonum partus sit expositus, omnium sc. in cantationum & præstigiarum fœcundo institore, Diabolo.

29. *VI. Figura:* Et hanc Dæmoni competere non negaverit, qui modo materiam & quantitatem illi assignarit. Est enim figura nihil aliud quam quantitatis terminatio, indeque ipsa quantitas realiter, Ut poni quantitas non possit, quin & figura ponatur: *Quæ autem illa sit non constat* apud authores: Sunt enim alij qui volunt *Dæmonum corpora nulla certa figura prædita esse,* sed ad omnem configurationem apta, eo quod ductu flexuque sunt facilia: Ut enim nubes nunc hominum nunc cujusque alterius formam repræsentant, ita consimiliter Dæmonum corpora ut collibuerit, varias consipiunt figuras, qua ratione virum modo præferunt, modo & fæminam. Ita Cœl. Rhodigin. *l. 2. lect. ant. cap. 6.* Hinc teste Plinio *l. 8. Epist. ad Suram,* dæmon sub mulieris forma comparuit *Curtio Rufo* illique honores, Africumque imperium prædixit: Sic *Athenodoro* Philosopho in forma senis macie & squalore confecti, promissa barba horrenti capillo, cruribus compedes, manibusq; catenas gerentis, visus est, apud Sabell. *l. 10. exempl. c. 3.* Et eodem fere habitu se exhibuit *Cassio Parmensi* apud Valer. Max. *l. 1. c. 5.* Imo Protei instar in omnes formas variabilis, mox hâc mox illa specie indutus visus est, cujus rei exempla passim obvia. Alij tamen *figuram rotundam iis ascribunt* ut Marsil. Ficin.

in argum. super Plotin. Enn. 3. lib. 4. Figura inquit, *Dæmonum rotunda est qualem figura aeris hac exigit.* Et *in Enneud. 2. l. 1. c. 6. fol.* 157. *Sunt,* inquit *supra nos Dæmones in sua quidq; sphæra quasi stella, quamvis plurimum nobis occulta, figuramq; naturaliter orbicularem, per inferiorem mentis orbem, conferente ad idem affectu, locoq; in suis corporibus exprimunt, quamvis quascunq; libet, figuras sæpe nobis ostendunt, dum vel materiam sui corporis agilem modis facile variis transfigurant, & mox in priorem formam facilime refigurant, vel per imaginationis affectus, vehementiam prægnantium instar in teneriore corpore quaslibet formas effingunt.*

30. *VII. Motus sive mutatio:* Competit enim Dæmonibus *I. Generatio:* Quia corpora mixta sunt è quatuor elementis, indeq; non ex nihilo sed ex materiâ producta sunt (si modo producta sunt. Huc refer *historiam* quam narrat Hyeron. Cardan. *l. 19. subtil. p. 963.* & patri suo *Facio Cardano* accidisse scribit · *Quod scilicet patri suo de more apparuerint septem viri, soriceis vestibus induti, pallio quasi Græco, caligis (ut videbatur) purpureis, subucula thoracibus splendentibus & rubentibus, ut è chermesino esse viderentur, forma augustiore quam communi, & conspicuâ admodum; Nec tamen omnes sic vestiti erant, sed duo, quos constabat esse nobiliores inter ipsos, &c. Ætas illis juxta quadragesimum annum, sed qua nec trigesimum præferret: Interrogati quinam essent, responderunt, homines se esse quasi aerios qui & ipsi nascerentur ac interirent, verum vitam illorum nostrâ longe esse diuturniorem, ut quæ ad annos 300 extenderetur &c: Item: Ipsos Divis esse conjunctiores multo humano genere, sed tamen ab illis infinito pene distare intervallo: Nec secus illos nobis esse beatiores, aut miseriores, ac nos ipsis sumus belluis: Nihil latere illis abditarum rerum, ut nec libros nec pecuniam, infimamq; illorum colluviem esse genios virorum clarissimorum &c.* Prolixius videam rem apud ipsum Cardanum. *Adde & hoc:* Quod Dæmonibus potentia generandi sibi simile competat: At illud qui esse posset si Dæmon generari non posset: Antecedens mox demonstrabo. Hic tamen notat Cæl. Rhodigin. *l. 2. lect. antiq. c. 4.* generationem non omnibus sed solum aqueis, terrenis & in infimo aere sitis dæmonibus competere, Quia hi materiæ corruptibili immersi sint, reliqui vero incorruptibile corpus sortiti.

31. *II. Corruptio* illis denegatur penè ab omnibus Platonicis: Immortalitatem enim cum Diis communem habere creduntur: sed tamen id falsum est si supponant illos esse è quatuor elementis compositos; Hæc enim Quia sunt radices primarum qualitatum, primæ verò Qualitates, propter mutuam pugnam quam habent ad invicem, sunt principia corruptionis, esse non potest quin corruptioni obnoxios dicas: Nisi aliunde fingas eos è creationis generationisq; peculiari beneficio ita æquabilem & proportionatam qualitatum mixturam sortitos, & tam nobili formâ dotatos, appetitum materiæ quam habet ad alias formas supplente, ut interire non possint. Sed quis fingenti credat? Imo credito potius ipsis Dæmonibus Cardano visis, qui se corruptibiles esse ingenuè fassi sunt. (si aliàs non sunt mentiti) Observat tamen hic Cæl. Rhodigin. *l. 2. lect. antiq. c. 4.* superiores mediosque Dæmones esse solùm immortales, infimos verò *longævos*. Quia ex terræ viciniâ, terrenâ etiam titillentur libidine & nimiam habeant cum sylva communionem.

32. *III. Alteratio* illis competit eo quod Qualitatibus primis quæ illius origo sunt, gravantur: Imo etiam speciatim illis τὰ πάθη animi competere post monstrabo. Et hæ sunt affectiones quas potissimùm Dæmonibus ex ratione corporis assignari reperio.

33. *II. Affectiones ex ratione corporis viventis, sentientis & rationalis ortæ*, Dæmonibus hæ tribuuntur: *I. Potentia vegetativa* eis competunt: Habent enim 1. *Potentiam generandi sibi simile*: Quia multo semine fæcundi esse, organa item genitalia (neutiquam tamen nostris similia) habere, & sic generare dicuntur, apud Cæl. Rhodigin. *l. 2. lect. Antiq. cap. 6.* At quæso, cur illis semen concederet natura, cur generandi potentiam, cur organa, nisi id ad similis Dæmonis generationem fieret? Unde etiam Augustin. *l. 15. de Civitat. Dei cap. 23.* asserit creberrimam famam fuisse, multorumque experientiâ firmatam, quod Sylvani & Fauni improbi sæpe extiterint mulieribus & earum appetierint & peregerint concubitus & quod quidam Dæmones quos Drusios Galli nuncupant, hanc assiduè immunditiem & tentent & perficiant. *Addendum tamen* ex Cæl. Rhodigin. *l. 2. lect. antiquar. c. 4.* Dæmonibus inferioribus

rioribus aqueis & terreis potentiam hanc generativam præcipue competere reliquos vero superiores eâ non indigere.

34. Habent 2. Dæmones *potentiam nutriendi*: Hoc enim sequitur ex primo: Quia enim excrementum effundunt seminiumque è puro genitoris alimento promptum, alimenta assumant, & partem deperditam restaurent, necesse erit. *Hinc (Porphyr. ita sentiente,) Dæmones nos induxere ad animalia devoranda, ut ipse penes nos atq; è visceribus nostris haurirent sugerentq; sæpe concoctum sibiq; competens ab animalibus alimentum, per insitam quandam attrahendi sugendiq; facultatem, qualis membris inest animalium, radicibusq; plantarum, ideoq; nidore nostro Dæmones quasi allicimus,* uti refert Marsil. Ficin. *in Plotin. Ennead. 3. lib 5. c. 5. in comment.* Materia tamen nutritionis diversa esse putatur: Nam alios Dæmones inspiratione solâ, alios humore sustentari asserit Ludov. Cœl. Rhodigin. *l. 2. lect. antiq. cap. 6.* Alios (eos sc. in quibus nil terrei est) solo odore sacrificiorum sive coctarum carnium vivere putat Marsil. Ficin. *in Plotin. Ennead. 3. l. 5. c. 5.* Unde Dæmones malos libaminibus & carnium nidore plurimum oblectari quia spiritale eorundem corpus inde crassescat, obesiusque evadat, asserit ex Platone Cœl. Rhodigin. *cit. l c 13.* Alios denique vapores crassiores è corporibus hominum exsugere testis est Marsil. Ficin. *cit. l. Modum nutriendi* exprimit Cœl. *cit. l. cap. 6.* quod sc. is longe à nostro diversus, non fiat ore, sed eô fere more, quo spongiæ & ostrea alimenta assugunt. *Hoc etiam hic addendum:* Ea quæ de nutritione dicta sunt limitari solum ad Dæmones aqueos, & terreos à Marsil. Ficin. *cit. l. quia illis cum aliquid effluat, restaurare idem necesse habent: E prioribus vero (aereis & cælestibus) quia nihil effluit unquam, nec opus iis est nutrimento, sed duntaxat cantibus & figuris, luminibusq; delectantur, coluntur̀q;, & ita nobis conciliantur.* Verba sunt Marsilij.

35. II. *Potentia sensitiva* Dæmonibus vendicantur: Sic Plotin. *Ennead. 4. l. 4. cap. 43. Memoriam* (inquit) *& sensus his (Dæmonibus) attribuere non erit absurdum.* Et Marsil. Ficin. *in Plotin Ennead. 3. l. 4. in argum. libr. sensus,* ait, *est in toto corpore (Dæmonum) sensus & pro natura aeris acutissimus.* Et Cœl. Rhodigin *l. 2. lect. antiq. c. 8. Spiritale Dæmonum corpus magna parte ubiq; sensile est naturâ, &*

abſq́; medio tangit, videt, audit. Hinc tactum acutissimum, magnosq́; ſæpe dolores, quia corpora eorundem diſſecari poſſe opinio eſt, ſentire dicuntur: Unde ferri aciem reformidant, reclinantq́; quantùm poſſunt maximè: Enſes enim & tela prætendunt, qui Dæmones exagitare moliuntur, uti antiqua fuit priſcis ſententia: Hinc Virgil. lib. 6. Æneid.

—*Procul, ô procul, eſte profani,*
Conclamat vates totoq́; abſiſtite luco,
Tuq́; invade viam, vaginaq́; eripe ferrum.

Et, quod magis eſt, igne admoto exuri eos poſſe, cinere admodum conſpicuo, teſtis eſt Coel. Rhodigin. *l. 2. lect. antiq. cap. 5.* quod in Thuſcia quandoq; factum eſſe (non ſine clamore & dolore Dæmonis) prodidit memoriæ.

36. III. *Potentia locomotiva*: Ita enim Marſil. Ficin. *in Plotin Ennead. 3 l. 4. in argum. Motus* inquit, *ſimili ratione velociſſimus eſt in Dæmone &c.* Patetque illud ſatis ex negotio, quod Dæmonibus impoſitum eſt inter Deos homineſque transfigendum, quod ſine motu locali (poſito quod corpora ſint) fieri nequit. *Motionis ordo & Modus* mirus admodum illis tribuitur à Marſil. Ficin. cit. l. *Motionis ordo* inquit, *fermè eſt qualis in ſtellis: Dæmones igitur ſtellaſum aerei cœli, circuitus ſtellarum cœleſtium pro viribus imitantes ab ortu ad occaſum, atq; viciſſim, ſtatutis ubiq́; temporibus progredientes, regredienteſq́;, ac tum ad ſeptentrionem vergentes; tum ad meridiem, tum etiam velut in augem adſtendentes ordine certo, præſertim Dæmones ſuper aerem turbulentum.*

37. IV. *Potentiæ rationales*: Intellectus & voluntas: Hinc enim Dæmones dicuntur ingenio rationabiles apud Apul. *lib. de Deo Socrat.* Et alia inſuper officia illis dedicantur, (quæ modo recenſebo) non niſi magnam rationis prudentiam exigentia. Diſcrimen tamen *intellectualis potentiæ* in illis volunt reperiri, ita ut ætherei, ignei & aerei ratione dicantur ſuperare inferiores, imo & ipſos homines, propter puritatem corporis exactiorem, quæ eo minus impedit intelligendi acumen: Quo enim corpus à materiæ craſſitie & opacitate magis eſt elongatum, eo fortius eſt cognoſcitivum: Unde Marſil. Ficin. *in argum. ſuper Plotin. Ennead. 3 l. 4. fol. 158. Eſſe quidem,* dicit, *in aere Dæmonas in Theologia ſatis*

asseveramus, ut & ubiq, animalia sunt praedita ratione & in aere potius quam in terra, tanto praestantiora simul & grandiora, quanto aeris ipse globus est amplior atq, praestantior & vita praesertim rationali cognatior. Quod enim prius eminentiusq, vivit in nobis, cogitationiq, obsequitur, spiritus est aerius: Ingentia igitur, rationaliaq, in aere animalia degunt &c.

38. V. *Affectus* sive πάθη: Quo sensu omnes Dæmones affectu passivos asserit Apuleius *cit. loc.* Item p 97. inquit: *Ex hoc Dæmonum numero Poetae solent haudquaquam procul à veritate osores & amatores quorundam hominum Deos fingere, hos prosperare & evehere; illos contra aversari & affligere: Igitur & misereri & indignari, & angi & lætari omnemq, humani animi faciem pati, ac simili motu cordis & salo mentis ad omnes cogitationum aestus fluctuare.* Et paulo post pag. 88. *Perinde ut nos (Dæmones) pati possunt omnia animarum placamenta vel incitamenta & irâ incitantur & misericordiâ flectuntur, & donis invitantur, & precibus leniuntur, & contumeliis exasperantur, & honoribus mulcentur, aliisq, omnibus ad similem nobis modum variant.* Sic Plotin. Ennead. 3. l. 4. c. 6. *Deorum genus esse passionis expers dicimus & putamus, Dæmonibus autem passiones adjungimus.* Et Ennead. 4. l. 4. c. 43. *Dæmones vero neq, ipsi quidem in parte sua irrationali sunt passionibus liberi.* Et Coel. Rhodigin. lib 2. lect. antiq. c. 6. ex *Marco quodam Cheronensi* (à Dæmonibus bene instructo) asserit, Dæmones non solum pati sed valde utique pati, &c. Et hæc sunt accidentia quæ Dæmones sive nobiscum sive cum aliis corporibus communia habere putantur: sequuntur illa quæ ut ἴδια πάθη illis tribui solent.

39. III. Affectiones ex ratione specifica Dæmonum ortæ, potissimum à posteriori per *effectus officiaq,* illorum exprimuntur, sunt a. hæ potissimum: I. *Est Medietas naturæ, dignitatis, loci, inter Deos & homines:* Tres enim sunt naturæ rationalis gradus, dignitatis naturæque majestate non solum interpuncti sed etiam locorum intercapedine, juxta vulgare Platonicæ sectæ statutum, vide Apul. *lib. de Deo Socrat.* p. 75. *in init.* Platon. *l. 4 de legib. & in Epin.* Plotin. Ennead 3. l. 5. cap. 6. Marsil. Ficin. *comment. super Platon.* Ennead. 3. l 4. c. 5. Augustin. *lib. 8. de Civit. Dei* c. 14 & Ludov. viv. *in comm. ad h. l, & in libr.* 10. c. 2. *lit.* 4. Cæl. Rhodigin. l. 2. lect.

antiq. c. 3. Primus est *summus* five maximus *Deorum,* qui summatem quoque sedem, cœlicam sc. sibi vendicant: Et horum alij sunt immortales & *invisibiles,* ij sc. *qui ab omni materia contubernio sunt remoti, quorum parentem & principem dicunt, quem nos rerum conditorem opificem̃q; ueneramur, majestate ultramundana amplitudine sanctum & humano sermone inenarrabilem, ac ne mente quidem facile apprehensibilem:* verba sunt Cœlij Rhodigin. *cit. l.* Alij vero sunt *visibiles,* & sunt cœlestia corpora, *radiantes illi Dij, quibus cœli chorum comptum & coronatum sudâ tempestate visimus pictis noctibus, severâ gratiâ, torvo decore, suspicientes in hoc perfectissimo mundi, ut ait Ennius, clypeo, miris fulgoribus variata calamina* verbis Apulei *l. de Deo Socrat. p. 77.* Secundus sive *medius* ordo est Dæmonum, à Lunæ collimitio ad nos usque expansorum, quos interpretes sive salutigerulos hominum & Deorũ vulgo creditum est apud Cœl. Rhodigin. *cit. l.* Tertius deniq; & *infimus* ordo est hominum &c. Et hinc sequitur.

40. *II. Interpretatio inter Deum hominesq; mutua :* Deum enim sive summum principem Deorum Platonici talem esse volunt, qui rebus humanis (immediatione suppositi) non interveniat; *Quod equidem,* ut inquit Apuleius *cit. l pag. 80. mirari super Diis immortalibus nequaquam congruerit, cum alioquin & inter homines, qui fortunæ munere opulentiâ elatus, & uq; ad regni mutabilem suggestum & pendulum tribunal evectus est, raro aditur, longè remotis arbitriis in quibusdam dignitatis suæ penetralibus degens: Parit enim conversatio contemptum, raritas conciliat rebus admirationem.* Si igitur Platonis hæc opinio vera est, quod Deus homini non misceatur, necessario videntur ponendæ mediæ quædam naturæ inter summum æthera & infimas terras in isto intersiti aeris spatio per quas desideria nostra & merita ad Deos commeent, qui ultroq; citroque portent, hinc preces inde suppetias Conf. Cœl. Rhodig. *l; 2. lect. antiq, c. 10.* Ludov. viv. *comm. super l 8. de Civit: Dei cap. 18. lit. a.* Appono his verba Platonis *in sympos. fol. 175. Omnis natura Dæmonum* inquit, *inter Deos hominesq; est media: Quam vim habet? Interpretatur & trajicit humana ad Deos, divina ad homines, horum quidem preces, & sacrificia, illorum præcepta, sacrasq; solemnes institutiones & ordines. &c.*

41. *III. Ho-*

41. III. *Hominum custodia, præsidium, defensio*: Esse enim feruntur Dæmones I. *In vita ingressu* nativitatis præsides & auxiliatores, speciali nomine *Genij* sive *Dij natales* dicti, uti vidi *thesi* 11. Imo his ascribendum putavit Plato, quod homines post diluvium terræ gremio sint recommodati *Siquidem*, quæ verba sunt Marsil. Ficin. *in Platon. Crit. fol. 302. Post ingentes terreni urbi illuviones, Plato homines arbitratur ejusmodi Deorum (Dæmonum) operâ ex ipsâ terra velut matre divinitus generari, Posse enim illos gignere per ideam sc. humanam, quasi semen, Posse & terram parere novo abundanteq; humore perfusam & accidente calore fœcundam, sive post aquarum illuviones sequantur tepidi soles, sive post vasta quædam incendia pluvia uberius affluant.* II. *In vita progressu* animarum corporumq; custodes, actionum inspectores & exploratores, Cœl. Rhodigin. *l. 2. lect. antiq. c. 10:* Et omnium factorum judices: In hac rem ita Apulei. *sæpe cit. l. p. 92. Hic, quem dico* (Dæmon) *prorsus custos, singularis præfectus, domesticus speculator, proprius curator, intimus cognitor, assiduus observator, individuus arbiter, inseparabilis testis, malorum improbator, bonorum probator, si rite animadvertatur, sedulo cognoscatur, religiose colatur, ita ut à Socrate justitia & innocentia cultus est, in rebus incertis prospector, dubiis præmonitor, periculosis tutator, egenis opitulator, qui tibi queat tum in somnis tum in signis, tum etiam fortasse coram, cum usus postulat, mala averruncare, bona prosperare, humilia sublimare, nutantia fulcire, obscura clarare, secundare gere, adversa corrigere.* Hinc speciali nomine eos *Gubernatores* vocat Plato in *Critia* & *Pastores* in Protagora: Imo etiam *Providentia* aliqua (non quidem Universalis, hanc enim Diis putant competere sed) *particularis* hujus & illius provinciæ, regionis, hominis, pro diversitate dignitatis dæmonicæ assignatur, sive latior, sive angustior: *Quidam enim* (majorum forte gentium Dij) *latissima procurant terrarum spatia, alios detinent angustiora, quidam urbibus integris præponuntur, quidam ex hominibus singulos tantum amplexantur*, uti super hac re pronunciat sententiam Cœl Rhodigin. *l. 2. lect. antiq. c. 4.* Confer Marsil. Ficin. *in Plotin. Ennead 3. lib. 5. c. 5.* Hinc etiam unumquemque nostrum suo credunt Dæmoni mancipari, ita ut Saturnij Saturnios, Jovij Jovios, & ita deinceps quilibet pro sui temperamenti exigentia proprium, nanciscantur.

42. Unde etiam existimarunt *esse Dæmonas bonorum largitores, & averruncatores malorum*: qui ἀλεξίκακοι dicebantur à veteribus, & *Apopompæi, Apotropæi, Lyssij, Phyxij*: juxta Cœl. Rhodigin. *lib. 2. lect. antiq. c. 10.* Sic *Pythagorici* concinentes Jovem precari solebant, ut vel ipse à malis abduceret, vel à quo Dæmonum id posset præstari monstraret: Ita *Jamblychus* arbitratur à Dæmone nos dirigi donec sacris expiati Deum subeamus ducem pro Dæmone, cui posthac Dæmon ita cedat, ut vel vacet, eo præsente, vel ad idem conducat, Cœl. Rhodig. cit. l. Et ejusmodi Dæmona familiarem fuisse *Socrati & Plotino* qui omnia bona concesserit, mala truncaverit testantur Apul. & Plutarch. *pecul. libb. de hoc Dæmon*, Cœl. Rhodigin. Marsil. Ficin. *cit. l* Plato *in sympos. Phædone* & alibi; Exemplū hujs rei cit. Plutarch. *cit. l.p 241.* quod ridiculum præbet tutelæ dæmonicæ argumentum: Narrat *quod Socrates aliquando via ambulans civica, jocosq; agitans socios, subito restiterit, & regressus alia, amicos qui præcesserant revocari jusserit: Horū pars (quos inter & ipse Plutarchus) reversi, pars contra Socratis dæmonium redargituri recta abeunt, incidunt præter opinionem in sues confertos & cœno plenos, & propter multitudinem se mutuo impellentes: Et cum diverticulum non esset incursu pars subvertuntur, pars inquinantur.*

43. Et ex hac sedula Dæmonum providentia oriri putatur, *quod sæpè*, ut inquit Cœl. Rhodigin. *l. 2. lect. antiquar. c. 11. doctore nullo res excogitentur mira, perducanturq; ad exitum feliciter præter opinionem, quæ nostrarum virium excedere videbantur mensum.* Ita & Marsil. Ficin. in Plotin. Ennead. 3. l. 4. fol. 159. *Sequitur insuper, inquit, ut qui ad certum opus singulariter nati sunt, plurima etiam super ætatem sine præceptoribus, sine ministris excogitent mirabiliter atq; peragant, suis videlicet instructi Dæmonibus, Tum vero præter spem suam & aliorum opinionem opportunè incidant in tempora, in regiones, in personas, in materias, in instrumenta, in facultates quibus rite suppeditantibus opus ipsum expleant naturaliter destinatum. Quorum sane inter se diversorum confluxum non naturalis causa sed dæmonica ad unum connectit eventum, ad præcognitum sibi finem singula dirigens, interea cœlo ministrans atq; suppeditans, ministrans inquam media semper ad finem intelligentia cœlesti præcognitum, suppeditans insuper propriam efficaciam ad id peragendum.*

44. Quari

44. Quæri autem & dubitari video à Dd. Platonicis. *Anne mutato loco, & regione mutetur & Dæmon, providentiam uniuscujusq; gerens?* Hic multis abſurdum eſt Dæmonem, ſi regionem aut aëra mutes, unicum nihilominus tibi manere, & ne latum quidem unguem revelli, multa licet terrarum ſpatia obiveris: Ideoque illi in hoc ſtatu hominem, non unum numero ſed ſpecie Dæmonem retinere aſſeverant; Unde v. g. Solares homines Solaribus ſubjiciuntur dæmonibus, Et licet alio migraverint nihilominus in ejuſdem ordinis Dæmones incidunt. Et ita eſt, quoque in reliquis. Quia tamen in qualibet Dæmonis decuria plura ſunt dignitatis, virtutum, nobilitatis diſcernicula, ut unus Dæmon ſit alio præſtantior, hinc eſſe dicitur *ut mutato loco aut regione ſæpe mutetur fortuna*, ſintque tam ambigui rerum noſtrarum eventus: Fieri enim poteſt ut aliquis commodiorem & præſtantiorem alibi nancifcatur Dæmonem, vel è converſo ignobiliorem unde mutato loco vel fortunæ favores vel injuriam cogitur experiri: Confer Cœl. Rhodigin. *l. 2. lect. Antiquar. c. 11.* Marſil. Ficin. *in argum. ſuper Plotin. Ennead. 3. l. 4.* Alij tamen cum Jamblicho homini etiam locum mutanti unum numero aſsignant Dæmonem, *Quilibet enim Dæmon ut ait* Marſil. Ficin. *cit. l. ampliſsimam implet regionem, ideoq; etiamſi non mutet locum, tamen multis in locis poteſt oberrantem hominem obſervare, atq; more ſtellæ, ubiq; attingere radiis.*

45. *Q. II. An mutato vitæ genere mutetur Dæmon*, Reſpondeo verbis Marſil. Ficin. *in Plotin. Ennead. 3. l. 4. c. 4. Anima* inquit *non mutat dæmonem, quamdiu vitæ ſpeciem omnino non mutat; Quatenus igitur vitam agit venereum, Dæmonem tenet venereum, Ac ſi abſtineat quandoq; laſcivis amoribus, tamen quamdiu facile peragit amare, quamvis honeſte, ſpeciem Dæmonis non permutat, adhuc enim venereum habet, ſed præſtantioris inter venereos ordinis: Similiter ſi à mercaturâ conferat ſe ad literas, dæmonem ſervat Mercurialem, quamvis ſuperiorem, ſi à religione ad militiam, genus dæmonicum mutat & ordinem, nam à Joviali tranſit in Martium, ex quo animus tunc primum infortunatus evadit: Contra vero ſi à militiâ ad religionem veniat, ſubit ex Martio Jovium, uiſ; pergat ibi quoq; contentioſus eſſe, unde neq; eſt admodum fortunatus &c. Quamobrem non mutatur Dæmon, neq; differt propter corporum fortunarumq; differentias, quatenus ipſe*

mov-

mos animæ speciem servat antiquam, quo prorsus in oppositum mutato mutatur & Dæmon, & cum dæmone revera fortuna, fortuita enim nobis ipse disponit.

46. Tandem *In exitu vitæ Dæmones* illi hominum (aut potius animarum) dicuntur judices & custodes: Ita enim Apuleius *l. de Deo socrat. pag. 91. ubi è vita remeandum est*, (Plato autumat) eundem illum Dæmona qui nobis præditus fuit, raptare & trahere veluti custodiam suam ad judicum, atq; illic in causa dicenda assistere, si qua commentiatur, redarguere, si qua vera dicat, asseverare, prorsus illius testimonio ferri sententiam. Et Cœl. Rhodigin. *l. 2. lect. antiquar. cap. 10. Platonis sententia est, animis contribui Dæmonem, qui corporeo exolutis nexu assistat semper, raptetq; ad judicem protinus singula testimonio approbans suo vel diluens.*

46. *Artium & rerum artificiosarum inventio*: Creditum enim est, hominum ingenia se ipsis sine auxilio desuper per Dæmonas delato ad artium fabricas concinnandas evehi non potuisse. Sic *Astrologia* dicitur inventum Dæmonum apud Cœl. Rhodigin. *l. 2. lect. antiq. cap. 12.* Inventio item *Astronomiæ, Geometriæ, numeri & computationis numerorum, talorum, alearum, literarum* ascribitur Dæmoni qui *Theuth* dicitur à Platone *in Phædro fol. 188.* (in Philebo vero sive Deus sive homo divinus fuisse putatur *fol. 33.*) & regi Ægyptio *Thamo* eâ comunicasse, unde postea in aliàs gentes manaverit, existimatur.

48. V. *Magiæ, origo*: Sic Plato *in sympos. fol. 175. Per hanc, inquit, Dæmonum naturam vaticinium omne procedit, sacerdotumque diligentia circa sacrificia expiationesq; & incantationes & divinationem omnem, atq; magicam.* Et Marsil. Ficin. *in Plotin. Ennead. 4. l. 4. cap. 43. Mitto inquit, quantam dæmones veneficiis magicisq; operibus adhibeant potestatem, quod sane in symposio Plato confirmat: Hos etiam Magus cultorq; diligens demulcendo sibi conciliare potest, quemadmodum & abjectus mimus, musicusq; puer regem illaqueat generosum, Et bestia quædam hominem quandoq; fascinant: Sicut enim se habet ad hominem bestia, ad virum puer ita vir Magus ad inferiores dæmonas nobisq; propinquos.* Et in comment. super Conviv. Platon. cap. 10. fol. 162. *Hanc artem (magicam) veteres Dæmonibus tribuerunt, quia intelligunt qualis sit rerum naturalium societas, quid cuiq; congruat,*

quomo-

quomodo concordia rerum sicubi desit, instauretur: His nonnulli vel naturæ similitudine quadam amici ut Zoroaster, & Socrates, vel cultu dilecti, ut Apollonius Thianeus, & Porphyrius fuisse traduntur, Qui amicitia Dæmonum magi evasisse videntur, quemadmodum Dæmones Magi sunt, rerum ipsarum amicitiam cognoscentes, & natura omnis ex amore mutuo maga cognominatur. Sic Apul. l. cit. pag. 82. *Per hos (Dæmones) Magorum varia miracula reguntur.*

49. VI. *Divinationum directio*: Hinc enim Plato *in Sympos.* per Dæmones omne vaticinium & divinationes procedere asserit. Et Apul. *l. de Deo Socrat. p. 94. Ad eundem modum*, inquit, *Socrates, sicubi locorum alienis sapientiæ officiis consultatio ingruerat, ibi sui Dæmonis præsagio regebatur.* Unde etiam tot & tam varia divinationum genera ex Dæmonum instinctu apud antiquos oriebantur: Erat enim ibi I. ἀνθρωπομαντεία ex mactatorum hominum visceribus, quâ *Heliogobalum* Imperatorem ex Dæmonis inspiratione usum fuisse testis est Wierus *de præstig. Dæmon. lib. 1. c 6. & 51.* II. ὑδρομαντεία ex inspectione aquæ, in quâ ludificationibus Dæmonû instructi audiverunt, quid in sacris observare, quid constituere licitû esset, quâ usum esse *Numam Pompiliû secundû à Romulo Romanorum Regem, & Pythagoram Philosophum* asserit Augustin. *l. 7. de Civit. Dei cap. 35.* Hujus species erat λεκανομαντεία ex pelvibus aqua plenis, Unde *Lecanomantici* apud Strabon. *lib. 5* ij dicuntur qui vaticinantes pelvim accipiebant, aqua plenam, & dæmonibus in profundo repentibus, congruam: Ubi cum dæmon illapsus esset, confestim aqua motum aliquem fatidicum reddebat. &c. III. γεομαντία ex terrâ. IV. πυρομαντία ex igne cujus autor fuit Amphiaraus ut testatur Plinius *lib. 7. histor. natur. cap. 56.* VI. καπνομαντία ex fumo aræ, (sive victimæ in ara accensæ,) è cujus motu futura prædicebant Unde *Capnomanta*. VII. οἰωνοσκοπία sive auspicium ex avibus, quod primo à *Cara* rege illius Asiæ partis, quæ ab illo Caria dicta est, repertum est, teste Plinio *cit. loc.* Erant autem tria auspicij genera (pro diversitate avicularum): Aliæ enim ex volatu, oportuno, patulo, porrecto, futura prædicebant feliciter, vel ex contrario motu infeliciter, & dicebantur *præpetes*, (Homero οἰωνοὶ ταννύπτεροι) Aliæ ex cantu, & erant

Oscines,

Oscines, cujus generis divinationes speciali nomine *Auguria* dicit *Plinius*: Aliæ denique ex pastu vel avido felicem rei gerundæ successum, vel tardo & omnino nullo infelicem portendebant. VIII. σπλαγχνοσκοπία sive haruspicina (ita dicta ab *baruga* sive hostia in ara concisa & servata) ex extis, in qua multum *Etrusci* valuerunt, & Janus apud *Helios* Apollinis filius & post eum Thrasibulus, qui canem inspexerunt sectum jecur ostendentem vide *Cicer. l. 2. de Divinat.* Autorem ejus divinationis primum fuisse *Delphum* quendam putat *Plinius l. 7. c. 56.* IX. κοσκινομαντία ex cribro suspenso circum actoq; quo genere adhuc aliquot in Gallia mulieres ad investigandas res furto ablatas uti putantur. X. ἀξινομαντία è securibus dolabellisq;. Meminit ejus Plinius, *l. 36. histor. natur. c. 19. Hoc*, inquit, *gagate lapide, dicuntur uti Magi, in ea quam Axiomantiam vocant, & peruri negant, si eventurum sit, quod aliquis optet.* XI. βοτανομαντία ex herbis, qua *Circen* & *Medeam* excelluisse testes sunt Poetæ, vide prolixè *l. 7. Metamorph. Ovid.* XII. ἀστρολογία ex astris, in qua *Eudoxum* facile principem fuisse asserit *Cicero l. 3. de Divinat.* & peritissimi omnium fuere *Chaldæi* & *Persæ*. XIII. ἰχθυομαντία ex piscibus. XIV. κληρομαντία ex sortibus. XV. χειρομαντία ex hominum manibus. XVI. Φυσιογνωμία ex facie & filo totius corporis. XVII. ὀνειρομαντία ex somniis. XVIII. νεκρομαντία ex mortuis sive cadaveribus, revocatis sc. ab illa (ut putabatur,) spiritibus vel Dæmonibus: Talis erat apud *Homerum* evocatio manium ab *Ulysse*, apud *Silium* à *Scipione*, apud *Valer.* ab *Aesone*, apud *Papinian.* à *Tiresia* apud *Horat.* à veneficis mulieribus facta. Hujus species erant νεκυομαντία καὶ σκιομαντία: Illa erat, quando ad recens cadaver calido sanguine oppletum umbra vel dæmon magicis carminibus evocatus, per os cadaveris futura prædicebat, uti artificio maleficæ cujusdam revocatus ad vitam miles, recenter occisus, *Pompeio* eventum belli Pharsalici prædixit, apud Lucan. lib. 6. *de Bello civil. p. 182.* Hæc vero erat, quando evocatâ solùm umbra futura prædicebantur. Omnia hæc & si quæ erant alia divinationum genera opera & ministerio Dæmonum perfici arbitrabantur: Ita enim Apul. *p. 52. Eorum (Dæmonum) de numero præditi curant singula præsagiorum munia, proinde ut est*

cuiq;

aliis *tributa provincia, vel extis exficulandis, vel praepetibus gubernandis vel oscinibus erudiendis, vel vatibus inspirandis, vel fulminibus jaculandis, vel nubibus coruscandis caterisq, adeo per que futura dignoscimus: Qua cuncta coelestium voluntate, & numine & authoritate, sed Daemonum obsequio & opera & ministerio fieri arbitrandum est &c.* Et paulo post: *Non est opera Diis superis ad haec descendere. Mediorum ista sortitio est, qui in aeriis plagis terrae conterminis nec minus confinibus caelo, perinde versantur &c.* Taceo jam Sybyllarum vaticinia, Oraculorum responsa, Pythiarum praesagia, quae omnia ex Daemonum ministerio facta esse putabantur.

50 *Sacrificiorum dispensatio:* Daemones enim curam habent circa sacerdotes, sacrificia, expiationes, ut ait Plato *in sympos.* Unde etiam eos *sacrificiis placari & laetari* vulgo asseritur: Non tamen uno sacrificij genere, ritu, & more placantur omnes eo quod diversa eorum natura sit: Nam, ut ait Apul. cit. l. p. 89. *Nonnulli sunt ex hoc Divorum numero, qui nocturnis vel diurnis, promptis vel occultis, laetioribus vel tristioribus, hostiis, vel ceremoniis, vel ritibus gaudeant, uti Aegyptia numina ferme plangoribus, Graeca plerumq, choreis, Barbara autem strepitu cymbalistarum & tympanistarum & & choraularum.* Unde etiam Porphyrius civitatibus interdum esse opus subindicat, malis daemonibus sacra facere, ne frugibus, ne divitiis, ne urbi ipsi noceant, *Nam rata est apud omnes fides, eos laesuros genus humanum, si irascantur, propterea quod negligantur, neq, cultum legitimum nanciscantur, nec id solum docet ex vulgari esse opinione sed quoq, theologorum, qui malis daemonibus mactari permittunt victimam, gustari ex ea vetant.* uti refert ex eo Ludov. vives *in comm. super Augustin. l. 8. d. de Civit. Dei cap. 13.* Et haec sunt quae *de Affectionibus Daemonum Platonicorum* in medium proferre nunc allubescit.

51 III. Sequitur *Divisio Daemonum,* quae varia est apud authores: Nam 1. *Ratione materiae* sunt vel Aetherei, vel Ignei vel Aerei vel Aquei vel Terrei vel subterranei &c. de quibus supra. II. *Ratione Accidentis* sunt vel Boni vel Mali: Illi sunt a quibus bona in homines derivantur, & ut plurimum reperiri putantur Meridionales: Hi vero sunt a quibus mala oriuntur, quique nos

ad superbiam, contentiones, bella illicita & alia vitia irritare creduntur, ut plurimum siti versus Septemtrionem, vide Marsil. Ficin. *in Plotin. Ennead. 3. lib. 5. cap. 5. fol. 167. III, Ratione Loci,* sunt vel supra Lunares, vel infra Lunares: Illi sursum sunt vel Saturnij qui orbi Saturni affixi, vel Joviales, vel Martiales, vel Solares &c. Confer Cœl. Rhodigin. *l. 2. cap. 4.* Conf. *thes. 17.* Deinde: Sunt vel *provinciales,* qui plures paucioresve provincias & *familiares,* qui unam alteramve familiam gubernare dicuntur &c. Et hæc ex Platonis sententia de natura & affectionibus Dæmonum breviter proponere libuit. Nunc porro, videbo, quâ ratione existentia eorundem confirmari videatur. Viso enim Quid sint melius, nunc cognosces rationes quæ confirmant An sint.

§. IV. *Existere sive esse Dæmones* ejusmodi speciose confirmari non reperias: Ideoque res ista magis traditioni innixa est quam rationi. Præcipuas tamen quibus utuntur nunc profero: Argumentum sumunt *I. Ab absurdo:* h. m. Si non essent Dæmones, ingens ista moles aeris, à supremo cœlo usque ad terram animalibus destitueretur: Hoc autem est absurdum: quod sc. in aere isto non sint animalia, Ergo & prius: *Majoris cōnexio probatur:* Quia nō possunt alia aeri animalia assignari, qui totū illud spatiū à cœlo terram adusque compleant, nisi credamus esse Dæmonas: *Si regeras aves aeri tribuendas,* audito respondentem Apuleium *l. de Deo Socrat. p. 84. Nam*, inquit, *qui aeri aves attribuat falsum sententia meritissime dixeris quippe cum nulla earum ultra Olympi verticem sublimatur, qui cum excelsissimus omnium perhibeatur, tamen altitudinem perpendiculo si metiare, ut geometræ autumant, stadia (deest aliquid) altitudo fastigij non aquiparat; cum sit aerii agmen immensum, usq, ad citima Lunæ, helicemq, porro ætheris sursum versus exordium est. Quid igitur tanta vis aerii, quæ ab humillimis Lunæ anfractibus, usq, ad summum Olympi verticem interjacet? Quid tandem? vacabitne animalibus suis atq, erit ista naturæ pars mortua ac debilis? Imo enim si sedulo advertas, ipsæ quoq, aves terrestre quoq, animal non aerium rectius perhibeantur: Est enim semper illis omnis victus in terrâ, ibidem pabulum, ibidem cubile; tantum quod aera proximum terra volitando transverberant, Cæterum cum illis fessa sunt remigia pennarum, terra seu portus est. Quod si manifestum, stag sat ratio, debere præpotentiam quicum cubantia in aere intelligi.* Hacusque Apuleius. *Minor probatur:* Quia quodlibet elementum sua sibi propria suæq; naturæ congrua habet animalia: Aquam enim & terram sua habere non est dubitatio: Et ignem quoq; sua viventia sibi propria alere demonstrant historiæ: Nam Arist. *lib. 5. de Hist. animal. cap.* 19. & Plinius *l. 11. natur. histor. cap.* 36. testantur, quod in ærariis fornacibus Cypri insulæ pennatæ bestiolæ, paulo muscis grandioribus majores, in medio igne nascantur, per illum saliant & ambulent. Et quamdiu in igne sunt, vivant, cum vero evaserint paulo longiore volatu moriantur, Præterea tot vaga sydera sursum in æthere h. est in ipso liquidissimo ignis ardore comparent; *Cur igitur* verba sunt Apul. l. cit. p. 84. *hoc solum quartum elementum aeris, quod tanto spatio interpositum est, cassum ab omnibus, desertumq; a cultoribus suis natura pateretur, quin in eo quoq; aere animalia gignerentur, ut in igne flammida, in unda fluxa, in terra glebulenta?* Confer Marsil. Ficin. *in sympos. Platon. fol.* 159. Aera igitur, quia alia animalia in se continere hactenus non est à quopiam expressum, Dæmones in se continere dicendum est. Et hoc argumentum aliquo modo probabile existimat Cardan. *l.* 19. *de subtil. p.* 978.

53. II. Argumentum sumunt *ab officio & effectibus Dæmonum:* Multa vera & admiranda videas in rebus creatis effecta, quæ non nisi à Dæmonica quadam, eaq; tali, qualem hactenus exhibuimus, natura oriri posse videntur: Quorum aliquam partem è præcedentibus recognosce: sic v. g. *Deûm hominumq;* quæ gerunt *commercia,* illinc suppetiæ, hinc preces, non nisi per mediatores illos Dæmonicos deferuntur: *Hominum cura, directio, præsidium* unice ab illis tanquam Dei ministris derivari creditur: *Artium inventio, prestigiorum, præsagiorum, incantationum, divinationum, exacta repetitio,* & aliorum operum recta dispensatio non nisi à Dæmonibus perfici putatur: Ergo tales Dæmonias naturas existere inter res creatas omnino credendum erit.

54. III. Argumentum sumi potest *Ab exemplis,* quæ existentiam Dæmonum abunde videntur confirmare: sic *notissimum* fuit suo seculo *Socratis δαιμόνιον quod* uti loquitur Apul. in libr. quem conscripsit de hoc Dæmone sive Deo p. 92. *ei custodie loco fuit, & prorsus ut ita dicam, quo contubernio & familiare, & cuncta*

D 3 *qua*

quæ arcenda erant, ut opus, quæ cavenda, præcavit, & præmonenda præmonuit, sicubi tamen intersectis sapientiæ efficijs non consilio sed præsagio indigebat, ut ubi dubitatione claudicaret, divinatione consisteret. Imò hunc suum Dæmonem Socrates auribus oculisq; usurpavit ut idem significat author. cit. l. p. 95. Nam si fortè conatibus ejus periculum suberat &c. Vocem quampiam divinitus exortam dicebat se audire: &c. &c. Imò frequentius non vocem sed signum, divinitus sibi oblatum præ se ferebat: Et paulo post p. 96. Id signum potest ipsius Dæmonis species fuisse, quam Socrates solus cerneret ita ut Homericus Achilles Minervam &c. Confer Marsil. Ficin. In comment. super Sympos. Platon. orat. 7. cap. 3. qui & amicos & accusatores Socratis fassos prodit, quod Dæmon ipsi fuerit familiaris. Et ejusmodi Dæmonem etiam Plotinum, Philosophiæ Platonicæ sectatorem exactissimum, habuisse testatur Marsil. Ficin. in com. super Plot. Ennead. passim. Porro Facius Cardanus per triginta annos Dæmone sibi familiarem sibi habuisse fassus est, uti testatur ipsius filius Hieronymus Cardan. l. 19. subtilit. p. 963. Adde historiam quam retuli de eodem homine th. 30.

Th. 55. Huc refer ea, quæ nostro adhuc seculo accidere videmus de terreis istis *virunculis* (quos communiter *nanos aut Trullos* appellamus) nunc tamen quam olim detectis nonnihil Dæmonum inposturis, infrequentioribus. Horum non unum Genus: I. *Alij enim sunt domestici*, (quos forte dixeris non inepte Lares familiares) qui in domibus noctu potissimum versari, ministrorum munia peragere, per gradus ascendere & descendere, ostia aperire, ignem struere, aquam haurire, cibum & alia domui consueta præparare (cum tamen sæpe nihil horum agat) audiuntur: Imò etiam ut futurarum rerum conscij ea quæ futura prope sunt, administrare, non aliter ac si jam reipsa præsto essent, Quod in ædibus parentum se puerum observasse scribit Johann. Wierus *l. 1. de præstig. Dæmon. cap. 20. ubi cum in tabulato ingens lupuli asservaretur copia, si quando venturi essent emptores, præcedenti nocte per gradus dejici eo modo audiebantur sacci, quo subsequens veritatem ostendebat Dies: Omen id ut faustum plausu semper excipiebatur &c.* Amare etiam dicuntur loca in ædibus puriora, quæ illis etiam sæpe solent repurgari, ne discedant. Unde etiam familia, cui *culi virunculi domestici sunt* (peculiariter enim illos vel huic vel illi familiarum audias addictos,) cibos illis lautos apponere, aliaq́; necessaria dare: Illi contra large reposita pecunia redhostimentum promis. condis exhibere dicuntur: Concubitum etiam aliquando (Imo & conjugij speciem) cum fœminis, virginibus, aut ancillis, forma, præter solitum, lætioribus apparere audent. Cujus rei exemplum aliquando accidisse ipsi mihi constat. *Alij sunt tetrici* & implacabiles qui familiam terrent & turbant, tumultus, spectra visiones & alia id genus incommoda parturiunt. III. *Alij sunt subterranei* qui in fodinis metallicis plerunque videri & horum indagatoribus infesti esse solent, qui *Talchines dæmones* dicuntur à Cardano l. 19. subtilit. pag. 965. Uti *Annebergius quidam Dæmon* fuit, qui duodecim operarios flatu intempestivo & insolito in specu, qui *Corona rosacea* appellatur, enecavit, eo nomine relictus, licet alias argento dives esset; Itemque *Snebergius* quidam, qui nigro cucullo vestitus, in fodina *Georgiana* operarium è solo sustulit, & in superiori loco maximæ illius concavitatis, quondam argento fertilis, non sine corporis attritu collocavit; teste Joan. Wiero l. 1. *de præstig. Dæm.* c. 20. IV. *Alij vero virunculi subterranei* in fodinis metallicis apparent, & more metallicorum vestiti minus noxij: Neque enim (nisi prius lacessiti) damnum inferunt, & in illis præcipue specubus, ubi copiosa metalli effodiundi spes apparet, instar metallicorum laborant, modo venas fodiendo, modo quod effossum est, in vasa fundendo, modo machinam tractoriam versando: Unde etiam bonum omen capiunt hujus rei periti metallorum indagatores, & alacriori semper studio laborant. Hæc & plura alia exempla, Dæmonicam quandam, qualem hic intendimus, naturam, arguere videntur, præcipue cum illa à Spiritibus sive bonis sive malis singula oriri non sit probabile. Hactenus sententia Platonica sequitur.

DECISIO ET REFUTATIO.

56. Brevissime me expediam, & eo, quo hactenus, ordine, dicam I. *Essentiam* talem Dæmonicam, qualis à Platonicis conficta est nullibi locorum reperiri: Nec II. *Affectiones* aut accidentia ejusmodi,

modi, ut volunt alij, his tribui. Unde sponte fluet & fine operâ Dæmones istos nullibi existere: Hæc autem imprimis suppono: I. *Dæmones Platonicos non esse eos quos nos dicimus Angelos* (sive bonos sive malos,) quod etiam tetigi obiter *tb.* 16. Patet: Quia Angelos Platonici (si modo norint eos) Deos appellant, Hos peculiari nomine δαίμονας 2. Illos spiritus hos corpora, 3. Illos immortales, hos longævos, 4. Illos impassibiles, hos passionibus obnoxios: 5. Illos in cælo, hos in aere degentes putant: Quæ ex præcedentibus latius dignosci possunt: II. *Dæmones non esse animas sive conjunctas sive à corpore separatas*: Quia naturam animæ partialem & incompletam, hanc completâ, illam parè incorpoream, hâc corporeâ indigetant. Unde Procl. *l. de an. & Dæm*. *Nec animæ sunt Dæmones, nec erratici Dij ut putabat Amelius, sed medius est eorum inter Deos mortalesq́, ordo*. Hoc supposito propono certa theoremata.

57. Theor. I. *Dæmones non sunt corpora*: Essent enim vel simplicia, vel è Quatuor elementorum συγχρίσει mista: *Non simplicia*: 1. Quia receptissima hactenus fuit sententia, nec sine veritatis dictatura: Esse solum Quinque vel (si Ignem è numero simplicium demas) Quatuor corpora simplicia: Cœlum, Aera, Aquam & Terram: Neque sine evidenti necessitate numerus iste debet augeri. At non est è numero illorum Dæmonica (Platonis) natura. Ergo. 2. Repugnat *ratio corporis* quam Dæmonibus istis tribuunt, Debet enim illud esse organisatum, & aptum ut per illud exerat Dæmon vitales operationes, quem putant esse viventem: At corpus simplex ex se est in organisatum & ineptum ut per id exerantur vitæ operationes: 3. Repugnat *ratio motus*: Unius corporis simplicis unicus tantum simplex est motus, Arist. *l.* 1. *de Cæl. c.* 2. *&* 7. At Dæmones hi non habent unicum motum simplicem ut plerique volunt Quia *natura* ascendere & descendere finguntur. Ergo. *Non è Quatuor elementis composita*, uti voluit *Marsil. Ficin. & alij cit. tb.* 17. Hoc enim non admittit 1. *Incorruptibilitas* illorum, quam itidem plerique tribuunt illis: Nam; *Omne corpus mistum est corruptibile*: Mistio enim secum vehit omnes, quæ corruptionem introducere possunt, rationes: Supponit enim illa 1. *Materiam primam*, unâ cum connexâ sibi *privatione*: quâ perpetuo appetit novum aliud formæ conjugium, Nam νῦν τί ἐστι ὕλη ὥσπερ ἂν εἰ ζῆλω

ψίλυ ἄρρεν⊙. καὶ ἰσχυρὸν καλοῦ *Arist. l. 1. Physic. c. 9. t. 81.* ita, ut appetitum illius unius formæ conjunctione vix expleas.: Et 2. Infert *Qualitates primas* elementares naturaliter ad invicem agentes & re-agentes, ut tandem una vincat, & vincatur altera, & introducatur corruptio: *Dæmones autem dicuntur esse incorruptibiles*: Ergò non sunt corpora mista: 2. *Invisibilitas eorum*: Omne corpus mistum est visibile. Quia coloratum, veri enim & reales colores ex quatuor qualitatum primarum συζυγία (in corpore misto) oriuntur vide Cœl. Rhodigin. *l. 17. lect. antiq. c. 7.* Conimbr. *lib. 1. de an. c. 7. q. 3. art. 1. &c.* At color est objectum visus ex Arist. *l. 2. de an. c. 7. t. 67. Dæmones verò non sunt visibiles*: Uti non solum ipsa Platonicorum assertio, sed & experientia testis est, quâ illos visui neutiquam obvios esse scimus. Ergo. Quæ hic regerit *Apuleius tb. 28.* non faciunt ad rem neque merentur refutationem ideoque omitto: 3. *Motus eorum*: Omne corpus mistum movetur successivè: Oritur n. ille non solû ex resistentia medij cujus partes scindi debent, sed etiam ex resistentia mobilis, quod partes habet inter se distantes ex quatuor elementorum mistione compactas, quæ plura simul loca occupare nequeunt: Franc. Murt. de L. Lalana *disp. 2. super 4. Φ. q. 2.* At Dæmones non moventur successivè, neque illud fieri potest, si illis designes officium interpretandi Deos, hominesq́; quod requirit mutationem plusquam instantaneam. Uti mox videbo. Ergo. *Hinc Collige*: Neque esse tot variorum Dæmonum genera, quorum alij ignei sint, alij aerei, cæteri aquei aut terrei. Quia non est in iis quatuor elementorum συζυγία ideoque nec unius præ alio dominium, ut inde aerei, ignei, aquei &c. dici mereantur.

58. Theor. II. *Dæmones non sunt viventia, ideoq́; nec animalia rationalia*; uti illos describit Apuleius *ex tb. 3. conf. tb. 18. 19.* Patet: I. Quia non possunt esse *corpora*: E. nec *corpora viventia*: Negato enim genere tollitur & quævis subjecta species: ἀναιρεθέντ⊙ τοῦ γένους συναναιρεῖται τὰ ὑπ' αὐτοῦ inquit Porphyr. *c. 7. Isag. §. 3. & cap. 9. §. 8. 2.* Animalia requirunt organa vitalia per quæ exerant operationes vitales: Ideoque etiam corpus organisatum quod habeat partes dissimilares ex rebus diversis & contrariis compa-ctas,

ctas, ideoque corruptibiles. At illud non est in Dæmonibus quibus corpus negatur &c. Res est manifesta.

§. Theor. III. *Dæmonibus non competunt accidentia sive corporis ut sic & præcisè sumpti, sive corporis viventis*: Patet 1. In *Genere*: Negato subjecto necesse est negari ἴδια πάθη ejusdem: At Dæmones non habent corpus. E. nec corporis accidentia. 2. In *specie*: *Dæmones non sunt Quanti*: Quia quantitas est materiæ propria affectio, eamque perpetuo consequitur: At Dæmones non sunt materiales, Ergo. 2 *Dæmones non sunt in tempore*: Tempus enim propriè est duratio rerum corruptibilium, quæ *naturâ suâ* incipiunt & desinunt: At Dæmones non sunt corruptibiles: neque enim sunt corpora: Imo non sunt in ulla duratione: Quia (cum in tempore non sint,) vel in ævo vivent vel in æternitate: Tria enim solum agnovit durationis genera Metaphysicus: At *non in ævo*: Quia hoc propriè spirituum suâ *naturâ non deficientium*: At Dæmones non sunt spiritus: *Dices*: Potuisse Dæmona à Deo creari corpore immortali idque durantem in ævo: *Resp*: Potuit esse, sed unde probas factum esse. Sanè nullum hujus rei est indicium esse aliquod corpus in mundo sublunari, dæmonium & naturâ immortale, uti patebit ulterius &c. *Nec in æternitate*: Æternitas enim est duratio sine fine & initio, perpetuum manens: ideoque soli omnium entium creatori competens: At Dæmones utiq; si sunt, habent initium. Ergo. 3 *Dæmones non sunt in loco*: Quia illa corporis naturalis affectio est inseparabilis: Unde etiam neque in aere neque in terra neque alibi locorum possunt esse *modo adessendi locali & circumscriptivo*: Si regeras eas ibi esse non tamen circumscriptivo sed alio sublimiori v. g. definitivo adessendi modo, jam eos ultra corporum consortium elevas, illisq; aliam & *spiritualem* tribuis, quod tamen hypothesis tua non admittit. 4. *Dæmones neq; Qualitatibus primis, neq; secundis præditi sunt*: Quia radix & principium earundem elementaris sc. natura in iis non reperitur: Unde nec calidi nec frigidi nec humidi, nec sicci, nec graves nec leves, nec visibiles &c. dici possunt. 5. *Dæmones nullam habent figuram*: Est enim figura Quantitatis terminatio & realiter quantitas ipsa: At Quantitatem illi nullam habent: Unde illa quæ afferuntur de figura Dæmonum rotundâ à *Marsil. Ficin. th. 29.* ridicula sunt. 6. *Dæmones non mutantur*: Mutatio enim est in subjecto *sensili*, quod Dæmones non habent, ideoq; 7. *Non generari, nec corrumpi, nec alterari possunt*: Requirunt enim mutationes illæ materiam primam pro subjecto, in quo perficiantur, & unâ concomitantes Qualitates materiales: At neutrum illorum est in Dæmone: &c. Pergo: Neque enim specialiter rem omnem possum diducere: 8. *Dæmones non moventur localiter*: Nam: 1. Impossibile est motum localem sine loco esse Arist. *l. 3. Phys. cap. 1. tex. 2.* At illi non sunt in loco. 2. Motus localis principium est natura, hoc est, materia & forma: Arist. *l. 2. φ. c. 1. text. 3.* At neutrum est in Dæmone. 3. Motus localis repugnat *officio Dæmonum*: Dicuntur enim esse mediæ naturæ inter Deum & homines, qui è terrâ ad coelum & hinc vicissim ad terram commeent, & hominum preces, Deûm munera, portent & reportent! At cogita quæso, quot annorum spatium absumere necesse habeant si motu locali (celerrimo licet) ultra sublunare hæmisphærium ad Deum (quem ibi esse autumant) evehantur, nobisque restituantur: Nonnullorum opinio est tam altum esse cælum, *ut si plumbeam molam è cælo stellato mittas terram adusq, vix tamen quingentis annis illam suum cursum conficere deprehendas*: Dæmones itaque (quos in ascensu ocius moveri, quam in descensu plumbum non crediderò) mille annos in itinere absument antequam pro precibus munera à Deo reportent: Anne sic serò sapient phryges? & post festum hymnos mihi cantitabit Dæmon ille, dudum sc. & fermè ante mille annos in cineres redacto? sed concedamus illi adhuc gradus grandiores, & quolibet die naturali pro itinere 2400. milliaria, non tamen iter conficiet nisi post 24. annos & 222. dies (si sc. coeli à terra distantiam æstimes juxta Ptolomei computationem 65 25 7500. milliar.) vel si adhuc ociori motu (quem tamen à corpore naturali confici posse naturaliter, est incredibile,) quovis die illû absolvere velis 19260. milliaria, non tamen nisi exactis tribus annis & 27. diebus ferè iter suum conficiet: Quis autem putaverit, etsi lumine scripturæ sit destitutus, Deum non exaudire nisi ille post elapsum hoc temporis intervallum preces afferat & referat responsa? Adde: Si Dæmones corporei sunt & misti, moventur ad motum elementi prædominantis: Indeq; non potest illis simul naturalis esse ascensus & descensus: sed si ille sit naturalis hic aliquo modo est violentus & vicissim: Ergone igitur Dæmon sive in ascensu sive in descensu violenter movebitur ? sed rem futilem non moror. 9. *Dæmones non nutriuntur*: Quia nutritio fit ad resarciendum *id partis, quod deperditum erat*, & ad conservandum in suo esse individuum, quod alias periret: Partes igitur nutriti sunt corruptibiles: Et sic una solubilis ab altera. At Dæmones corrumpi nequeunt: Dein: Ubi nutrimentum, ibi excrementum. Non enim tota alimenti natura est utilis, quæ convertatur in aliti substantiam, ideoque pars inutilis secernitur in excrementum: At ubi excrementorum in Dæmone organa? ubi indicia? &c. 10. *Dæmones non generant*: Generatio enim fit *decisione* seminis, ex reliquiis melioris alimenti geniti: At quæ decisionem admittunt, illa & corruptionem: Hæc autem non est in Dæmone: 11. *Dæmones non sentiunt, indeq; nec vident, audiunt &c.* Habebunt enim sic corpora organisata: Sensus enim absq; organo fieri nequit: 12. *Dæmones non sunt rationales:* Quia principio rationalis alicujus potentiæ præditi non sunt; Neque enim ullo indicio sive sacræ scripturæ sive rationis potest confirmari, esse plures creaturas rationales præter hominem & Angelos. Quæ igitur me coget temeritas, dicenti præter rationem ut fidem adhibeam?

60. Theor. IV. *Dæmones non sunt media natura inter Deum & homines:* Adverte autem: Medium quantum ad præsens, posse esse quadruplex 1. *Negatione* extremorum, qua ratione inter calidum & frigidum medium est *non calidum*, 2. *Participatione* extremorum, quod de utriusque extremi essentia aliquid participat ut v. g. inter calorem & frigus medius est tepor. 3. *Positione loci* inter extrema qua ratione aer est medius cœlum inter & terram: 4. *Actione* inter extrema, Qua ratione inter principem subditosque medius est *consiliarius* hinc supplicia vota, illinc referens suppetias. Hoc supposito dico: Dæmones neutro modo esse medios inter Deos sive spiritus, hominesque: Non enim 1. sunt medij *negatione extremorum*, sic enim essentia eorum esset neque corporea qualis hominis est, neque spiritualis, qualis Deorum sive Angelorum, & ter maximi Dei est; At talis essentia media esse nequit: Corporeum enim & incorporeum sive spirituale opponuntur contradictorie, ideoque nullum admittunt medium. Non 2. Sunt medij *participatione*

tione extremorum; quasi partim ex spirituali, partim ex corporea essentia sint conflati: Nam (omissis absurdis aliis, quæ inde magno proventu oriuntur) substantia nulla ratione misceri potest qualia, salva manente eadem: Est enim illa velut numerus Aristot. *l. 8. Met. c. 3.* neque ulla ratione suscipit magis & minus *l. categ. s. t.* Ideoque, ubicunque est, tota est, & indivisibilis: Et sic etiam, si Dæmon habet essentiam spiritus, totam habet, si essentiam corporis, pariter totam: Et sic simul (ejusdem ratione & respectu) eadem essentia erit corporea & incorporea, quod manifeste contradictorium est. Non tamen sunt medij *positione loci* inter extrema, Deum sc. hominesque occupando spatium immensum orbis aerei expansi à terra usque ad coelum, uti quidem contendit speciatim *Apuleius 1. n.* Quia id non admittit *Dei immensitas & omnipræsentia*: Ubiq; Deus est & nullibi sejunctus: Ideoque inter illum & creaturam ratione loci nihil est medium. 2. Nec dum probavit Apuleius in Aëre esse Dæmonas, neq; ullum est indicium: Dicit Quidem *Cuilibet elemento sua deberi corpora; At nò posse alia aeria assignari nisi ponas dæmonas,verum* Resp. 1. Antecedens fallit: Finis enim ille elementorum est ἀλλότριος, vel saltem secundarius, quo putatur elementa esse creata ideo ut sua sibi habeant corpora: Ideo potius creata sunt ut essent partes cum cœlo hoc universum perficientes, ornantes absolventes. 2. Ut essent mixtionis materia & origo: At aër universum hoc perficere potest, itemque mixtionis causa esse licet Dæmones non sint in illo. 2. Ignem corpora habere ignea v. g. pyraustas illas de quibus est apud *Arist. & Plin.* negant. Conimbr. *l. 1. de gen. & corr. c. 5. q. 7. art. 2. & in probl. de igne, annexis libb. de Cœl. s. 4. p. 547.* Quia nullum animal in igne vivere posse idem asserit Arist. *l. 5. de hist. animal. c. 19.* Requiritur enim ad vitam certa temperies primarum Qualitatum, (sine qua tactus esse nequit & sic neque vita.) Quam ignis acrimonia & efficacia dissolvit. Unde Aristotelem non asserendo sed referendo id pronunciasse volunt. Hoc si verum est de igne quod is non admittat ignea animantia & tamen ideo frustra creatus non sit, sed suos habeat usus, cur non & idem liceat de aëre asserere; eum ideo frustra non esse, licet non habeat aëria animantia in supremâ ipsius regione præcipue degentia. Ideoq; 3. *licet aër non habeat animalia aëria purè*, quod facile

concedo

concedo (ideoq; expirat occupatio quam ipse habet de avibus quas non aereas sed terreas ultro fateor) *non tamen ideo frustra est creatus:* Quia 1. perficit totum hoc universum, 2. est mixti principium, 3. sedes variorum meteororum (ideoque omnino cassus non est) 4. Medium per quod virtus cœlestis deferatur ad hæc inferiora: Imo 5. Omnibus animantibus necessarius, quorum vita in calido & humido consistit & sic ad aeris naturam quadantenus accedit: Ideoque beneficio illius respirant, spiritus generant &c. Sit licet igitur aer à Dæmone cassus, non tamen ideo ab omni fine & usu. *Cur autem tam immensa aeris regio suprema sc. vidua sit animalibus aut corporibus tu noli quærere,* neque etiam id certo asseverare: Cur enim tam immensa amplitudine sit creata & non arctiore limite clausa, imputa creatoris arbitrio, Quid autem ibi geratur noli, qui ibi non adfuisti disquirere: sufficiat illum non frustrà esse. Unde 4. Alius licet aeri non esset usus, creatoris voluntas, qui eum ita & non aliter creari voluit, nobis sufficeret. Pergo. Non 4. *Sunt medij actione sive officio inter Deum & homines:* Deus enim non potest admittere tales interpretes, qui à Deo dona & ab hominibus preces, vota, gratias referant: 1. *Ob omniscientiam,* quâ intime novit omnes cordis gemitus & suspiria: Ideoq; si qui essent frustra essent Quia Deus, illi etsi non referrent, sciret omnia: 2. *Ob providentiam:* Deus providet sedulo omnibus, & quidem immediatè sine alterius adminiculo: Creatura enim remota omni alia essentia creata indiget nihilominus Dei conservatione & influxu: Cur igitur in illis actionibus, quæ Dæmoni ascribunt de precum v. g. exauditione, donorum largitione Deus immediatè non ageret? 3. *Ob impotentiam Dæmonis:* Non possunt Dæmones omnia cordis suspiria, gemitusve, aut alia, quæ tacitè homo Deo offert (nisi accedant indicia externa) cognoscere: Non enim sunt scrutatores cordium, quod quia infinitæ perfectionis argumentum est, solius Dei est: E. saltem illa Deus exaudiet: Et sic officio suo Dæmones non satisfacient. Quia omnes preces offerre non valent.

61. Theor. V. *Dæmonibus non competunt officia, qualia illis tribuunt Platonici:* Neq; n. 1. *Sunt interpretes Dei hominum,* ut modo vidi. Neq; 2. *Hominum custodes:* Edocti equidem è sacris literis novimus accuratè, Angelorum Sanctorum custodiæ committi gressus

fus viasq́; nostras, verum tutores tales Dæmonicos ignoramus: Sunt enim (si ex illorum sententia sunt) corpora corruptibilia: Qui igitur tutores nostri? Sunt visibilia sensuum objecta, si modo sunt, qui igitur non deprehendimus? 3. *Non sunt artium inventores, non largitores ullius boni:* Quia sufficientissimè illa derivamus è summo bono, fonte omnis boni, Deo nostro clementissimo. Et 4. si quæ sunt alia, ut *magiæ traditio, divinationum administratio, dispensatio sacrificiorum,* illa certum est à mali fonte & origine, summo malo Cacodemone in gentis humanæ indolem impressa fortiter propagari. Ideoq́; morus ego si diutius his immoror. Finē intendo.

6. Theor. VI. *Dæmones actu non dantur* naturæ sc. tales, quæ (in relatione sententiæ Platonis) descriptæ sunt: Assertio illa summatim complectitur priores ideoq́; nullo negotio probatur. 1. Essent illæ natura vel spiritus vel corpora: Inter istas enim essentias ut contradictoriè oppositas non licet reperire medium: At Dæmones neq́; spiritus sunt neq́; corpora; Utrumq́; abundè probatum est. 2. Non est ullum indicium à posteriori, effectu aut actionibus desumptum, unde illos existere cognoscas: Partim enim fictitia, partim Ethnica & impia sunt quæ de officiis Dæmonum dicunt Platonici, uti similiter monstratum est. 3. Absurditates & contradictiones in hac sententiâ sufficienter evertunt illam: Alius enim dicit corpora mista, negat alius, hic dicit longæva, ille immortalia, hic aerea ille etiam terrea, hic adstruit, ille destruit, quemadmodum illarum absurditatum magnam partem ex dictis ipse recognosce: Ut meritò illa opinio seipsa & sine refutatione corruat, apud eruditos, & parum vel nihil sibi vendicet probabilitatis, ut ait Cardan. *l. 19. subtilit. de Dæmon.* 4. Exemplorum probata copia deficit ad confirmandam illam: Neq́; hactenus fuit à quopiam, nisi ab uno alterove, ejus rei visa species: At hæc non sufficit: Neq́; enim quod Socrates aut Plotinus Dæmonium, vel Cardanus ejusdem farinæ genium, 30. annos familiarem habuit, vel vidit sub specie humana Dæmones, vel familiæ quædam suos possident Trullos, vel montes suos virunculos sive Deunculos montanos, quicquam confirmationis addit existentiæ Dæmonum: Nam si horum est talis Dæmonica natura, cur illi (quia corpora esse debebant) non apparent perpetuò? cur non corporeis passionibus

sunt

sunt obnoxij &c. Et quid vetat illa quæcunque aliquando contingunt coferre in aliam naturam Angelicam, præcipue cum videamus à corporea natura effectus, illi ut alienos perfici non posse? scripturarū sacras pandectas nō affero, quæ neq; quidem de Dæmonis hac natura attingunt, aut de existentia illius. Potius contrarium illa suppeditat, unde hanc rem omnem evertere possis, Ideoque Christiano homini hæc sententia Platonis merito debet esse improbata: Non, inquam, affero, Quia Φιλοσοφικωτέρως rem ago, & θεολογικωτερον διαλέγεσθαι aliis relinquo.

63. Theor. VII. Addo tamen & hoc: *Dæmones* hoc est, naturas rationales, homine perfectiores, corporeas tamen & in aere degentes *dari posse non est improbabile*: Quia hic nullum est repugnantiæ indicium, (aut si videas, demonstra) cur illæ naturæ existere non possint: At quæ repugnantiam non involvunt à Deo fieri possunt, quia esse possunt, de quo me vidi *disput. 7. Pneumat.* prolixius. Non tamen illa natura esset media ratione ψυχῆς, aut alijs ejus farinæ mantissis quales illi appendunt Platonis discipuli, predita.

64. Theor. VIII. *Tractatio harum naturarum pertineret ad Physicam*: Essent enim species corporis naturalis: At unius scientiæ est objecti sui species contemplari ex Aristot. *l. γ. Met. c. 3.* Ideoque neque ad *Metaphysicam*, quæ Ens speculatur ejusque naturam & affectiones in genere, sine descensu ad species, neque ad πνευματολογίαν quæ spirituum naturam & affectiones investigat, deleganda esset. Finio hic!

Rex homo-dive, tibi, cælesti σύμβαντι Patri
Sit laus palmaris, gloria, & omnis honos.

Printed by Libri Plureos GmbH in Hamburg, Germany